SEVEN SOVIET POETS

BLACKWELL RUSSIAN TEXTS

General Editor: M. J. de K. Holman

SEVEN SOVIET POETS

Edited by R. C. Porter

Basil Blackwell

Basil Blackwell Ltd
108 Cowley Road, Oxford, OX4 1JF, UK

Basil Blackwell Inc.
432 Park Avenue South, Suite 1503
New York, NY 10016, USA

British Library Cataloguing in Publication Data

Seven Soviet poets. – Russian texts
  1. Poetry in Russian, 1917– Anthologies
  I. Porter, R. C.   II. Series
  891.71′4208

  ISBN 0–631–15567–8

Library of Congress Cataloging in Publication Data

Seven Soviet poets / edited by R. C. Porter
    p.   cm. – (Blackwell Russian texts)
  Texts of poems in Russian; introd. and notes in English.
  Bibliography: p.
  Includes index.
  Contains poems by Blok, Esenin, Mayakovsky, Pasternak, Akhmatova, Evtushenko, and Voznesensky.
  ISBN 0–631–15567–8 (pbk.)
  1. Russian poetry – 20th century.   I. Porter, R. C. (Robert C.)
II. Title: 7 Soviet poets.   III. Series.
PG3233.S43   1988
891.71′4′08 – dc19   88–6585
                                                              CIP

Typeset in 10 on 12pt Times
by Joshua Associates Ltd., Oxford

Printed in Great Britain by
Billing & Sons Ltd., Worcester

Contents

Contents

Contents

Preface

While for reasons of space the material offered in this book is necessarily selective, it is hoped that it will give the reader a fair indication of the strength and range of Soviet poetry. All the poems were written in or after 1917, and all of them have been published in the Soviet Union, albeit in some cases only after an inordinate delay. Yet, while this volume can be said to represent *Soviet* poetry, it will give a somewhat distorted picture of the work of those poets who were also very productive before 1917 – this is particularly true of Blok and Mayakovsky.

With the exception of *Nasledniki Stalina*, all the poems are taken from Soviet sources. The date of composition is noted at the end of each poem. Unless stated otherwise, dates in the Biographical Notes opposite a given work refer to its year of publication. This volume does not concern itself with the intricacies of establishing texts and their variants, nor with the full, and sometimes tortuous, saga of composition, publication abroad and eventual publication in the Soviet Union. More information on these matters can be found in the sources from which the texts are taken and in the critical works listed in the Further Reading sections.

Stressed syllables in the texts are marked by an acute accent. Just occasionally there is a conflict between the 'normal' stress and the stress demanded by the metre or rhyme. The more salient of these instances are referred to in the Notes.

Many people have helped me in the preparation of this volume, not least the generations of undergraduates with whom I have discussed many of these poems. However, I am particularly indebted to Professor Henry Gifford, from whom I inherited, in some panic, the Soviet poetry course at Bristol University in 1977. His perceptions and erudition, so readily shared with staff and students, have proved and continue to prove invaluable. Special thanks are due also to Michael Basker for his careful reading of the manuscript and his shrewd observations at all stages of the work, and to Margaret Hardwidge for her meticulous typing. Other friends and colleagues too numerous to name have also helped in various ways. Their anonymity here in no way diminishes my gratitude to them. Naturally, I alone am responsible for the shortcomings that inevitably remain.

Robert Porter
Bristol

Acknowledgement

The author and publisher would like to thank the All-Union Copyright Agency (VAAP), Moscow, for permission to reproduce poems first published since 1973.

Introduction

When the Soviet actor, singer and, above all, poet Vladimir Vysotsky died in the summer of 1980 a crowd of thousands flocked to his funeral in Moscow. Some of those attending carried umbrellas, not to protect themselves from the burning sun but to shield the floral tributes, so that they would not fade – an eloquent expression of the way many ordinary Russians feel about their poetry. In a country where literature has so often been a matter of life and death, verse has had a special intensity and power, for it is more easily memorized than prose and, when circumstances prevent it, does not have to be committed to paper. It can serve as a historical, political or moral record at times when the historians, political scientists and moralists cannot fulfil their responsibilities. It provides a continuity and comprehensive vision in a fast-changing world of contradictions and false initiatives. Russian poetry has heartened and comforted the prisoner and the front-line soldier, when political rhetoric has seemed to him at its thinnest. For Russians, perhaps even more than for the English, the words that Wordsworth wrote in the Preface to *Lyrical Ballads* remain wholly true: 'Poetry is the breath and finer spirit of all knowledge; it is the impassioned expression which is in the countenance of all science.'

The seven poets represented in this volume reflect some of the major trends in Soviet poetry, and illustrate the organic nature of the

Russian literary tradition. A new social order has by no means created an art entirely divorced from its past. The two revolutions in February and October 1917 which swept away the Romanov dynasty and brought the Bolsheviks to power paved the way for many social and economic changes. There emerged, too, a far greater degree of freedom of expression than Russians had ever known before. Censorship was relaxed and the 1920s saw élan, experimentation and openness in the arts, as a plethora of literary groups flourished.

However, three points should be borne in mind. Firstly, it is debatable to what extent the freedom of the 1920s led to valuable artistic innovation, or to what extent it amounted to a frivolous concentration on current fashion to the detriment of real art. Years later, Nadezhda Mandelshtam, a brilliant inside observer, wrote in her memoirs *Hope against Hope*: 'There was no room for those who wouldn't sing in chorus with the rest – and it was indeed a powerful chorus that drowned out all other voices. There are now many people who would like to bring back the twenties and re-create the self-imposed unity of those days.'

Secondly, one can say with the benefit of hindsight that the Bolshevik government would (in due course) need to legislate for the arts, just as it was legislating for all other areas of Soviet life. A series of decrees led progressively to the disbanding of the various literary groups and to the establishment of the all-embracing Union of Soviet Writers in 1934, with its prescriptive rules and regulations. From now on the task of the writer was to 'educate the toiling masses in the spirit of socialism'. So the newly won 'freedom' of the 1920s was in any case short-lived. Indeed, many welcomed 1934, since at last it seemed that after a decade and a half of bewildering polemics, Russian literature now had a direction and a cause.

This brings us to the third point to be made about the 1920s: the Russian literary tradition. The more enlightened Bolshevik leaders, while insisting on a *new* art, free from patronage and tsarist censorship, realized that such art could only come about by assimilating the artistic achievements of the past, not by destroying them. Five of the seven poets in this volume had made something of a mark before

1917; though they had widely differing attitudes to the Revolution and the Bolsheviks, they built on their pre-Revolutionary achievements to produce some of the greatest Soviet literature – even if, in some cases, proper recognition has taken a long time to come or, indeed, has yet to come. The 'newness' of the 1920s indeed appears somewhat illusory, if one considers the artistic revolutions that took place *before* the outbreak of World War I, and of which these 'Soviet' poets were so much a part.

It is a convenient over-simplification to view the immediate pre-Revolutionary era of Russian poetry in terms of three movements: Symbolism, Futurism and Acmeism. After the great nineteenth-century realist tradition established in the prose work of Pushkin, Turgenev, Dostoevsky and Tolstoy, the poets in the last decade of the century evolved a literature which relied more on implication, intuition and even mysticism to discover their great truths. These poets and their theorists were known as Symbolists. The earlier Symbolists, such as Bryusov (1873–1924) and Balmont (1867–1942), were also called Decadents. 'Symbolism' is a technical term here, specifically referring to the literary movement in its heyday from about 1890 to 1910; it should not be confused with allegory where one thing symbolizes another. (There are a good many symbols in, for example, Orwell's *Animal Farm* – and in nearly all serious works of literature – but there is no Symbolism in it.) Similarly, 'Decadent' should not be confused with 'decadent' (in the sense of 'immoral' or 'degenerate'), an adjective sometimes used by Soviet critics when speaking of phenomena of which they disapprove.

The Symbolists, while disagreeing among themselves to an extent, believed in a world beyond the confines of what they perceived with their five senses. Like the Romantic poets of Europe of a previous era they saw the poet as someone special who could commune with this intangible world and impart a notion of it to other people by means of poetry. The early Russian Symbolists also owed much to the French Symbolists. Vyacheslav Ivanov (1866–1949) felt that Baudelaire in his famous poem *Correspondences* discovered the secret of nature and showed that nature was not dumb, but rather that people were deaf. Vladimir Solovyev (1853–1900) at times mocked Bryusov and Balmont, but in his theoretical works insisted that Symbolism was the very basis of art. He developed the concept of the *mirovaya dusha* ('world soul') which unified all the natural phenomena in the world and came to identify this unifying force with Sophia, the Eternal Feminine, or Divine Wisdom. (*Sophia* is the Greek for wisdom or knowledge.)

In 1910 Symbolism was in steep decline. The Revolution of 1905 had shaken Russia into a new sense of realism and, as Trotsky said in his book *Literature and Revolution*, 'a whole generation of poets . . . had singed their delicate wings in its bonfires'. Two movements emerged to rival the Symbolists. In 1912 the first important manifesto of Futurism was produced. Entitled 'Poshchechina obshchestvennomu vkusu' (*A Slap in the Face of Public Taste*), it called for Pushkin, Dostoevsky, Tolstoy 'and all the others' to be thrown overboard from the 'steamship of modernity'. The Futurists attacked anything that smacked of authority and the establishment. They dressed eccentrically, wore make-up, and staged all manner of spectacles to outrage the public. Behind the rebellious façade, however, was a theory of art. The Futurists wanted to create new forms of language, invent new words and grammar. They coined the term Заумь ('Trans-sense'), and strove to create a language for it. Taken to extremes, their theories resulted in poetry consisting solely of noises which afforded varying degrees of pleasure to the ear. Viktor (Velemir) Khlebnikov (1885–1922) and especially Aleksandr Kruchenykh (1886–1968) can be regarded as the movement's most radical exponents, in whose verses the paradox of the whole movement is apparent. On the one hand, the Futurists resented the apparent aloofness of the literary establishment and wanted to take their art to the masses, yet on the other hand not even the most sophisticated literary critics, let alone the common folk, could make any sense of their more esoteric offerings.

One of the many butts for the Futurists' abuse was the movement known as Acmeism, which similarly arose as a reaction to Symbolism. Like the Futurists, the Acmeists produced several manifestos, but Sergei Gorodetsky (1884–1967), a second-rate member of the group, produced the handiest definition: 'For Acmeists the rose has again become beautiful for itself alone, for its petals, scent and colour, and not for its supposed likeness to mystical love or anything else.' Nikolai Gumilev (1886–1921) may have been the first to use the term 'Acmeism', and he reminded his readers that 'acme' in Greek meant 'the highest degree', 'the prime'. He had translated Gautier's *Emaux et camées* and was influenced by the French poet's emphasis on clarity and precision. Acmeist poetry set out to supplant the mists and trances of Symbolism and to avoid the raucous, near-incomprehensible linguistic virtuosity of the Futurists. In stark contrast to the Futurists, Acmeists professed admiration for the past, delighting in the symmetry and order of Hellenic culture and the medieval world. Why then did some of the Acmeists, notably Osip Mandelshtam (1891–1938) who was the greatest of them, produce poems that were so 'difficult'? The answer could well be that the life which they sought to describe and make sense of in the modern era was itself 'difficult' – so bewildering and disorientating as to perplex all but the most brilliant and perceptive minds. The Acmeists' business was with precise meaning, not with simplicity *per se*.

As this selection of poetry will indicate, all of these three movements, even Symbolism, survived the Russian Revolution. It is impossible to say when they each died out, or if indeed Futurism and Acmeism, in particular, have ever died out. Pasternak, who drew so much from all three schools, and Akhmatova, who always regarded herself as an Acmeist, lived long enough to pass on a rich legacy to a new generation at first hand. It would plainly be unfair to expect any poet worthy of the name to adhere rigidly throughout his or her career to a few tenets adopted in younger days. In literature rules are made to be broken, and great poems will always outshine the -isms that endeavour to categorize them. Moreover, it would be wrong to see literature in terms of warring factions, despite the postures that writers sometimes strike. The poets represented in this book have their differences, but they have much in common too, and one can detect dialogue as well as rivalry between them.

Introduction

Blok's *Dvenadtsat'* (*The Twelve*) is his greatest poem and the finest celebration of the Russian Revolution. Without this work the author could not be called a *Soviet* poet. Beneath the superficial chaos of the poem is a taut and intricate structure, something of a plot, and a number of plausible, if incompatible, interpretations. Part I, the longest and most complex, consists of impressionistic glimpses of Petrograd in winter, snatches of conversation as an old woman makes her way through the snow-drifts, and a bourgeois stands at the crossroads, while well-to-do young ladies bemoan their lot, and prostitutes discuss the going rate. The natural elements are all-powerful. In the subsequent parts we are introduced to twelve Red Guards on patrol. One of them, Petrukha, has been jilted by a prostitute, Katya, in favour of Vanka, who himself has deserted the Bolsheviks. Petrukha tries to shoot Vanka, but kills Katya instead. After a brief period of remorse Petrukha cheers up and he and his comrades continue their patrol in search of the 'indefatigable' and 'unseen' enemy. In the final lines of the poem Christ appears ahead of them, above the storm, unharmed by their bullets and unseen by them.

It has long been a matter of debate whether the Christ of this poem is leading the Bolsheviks on or represents an ideal for which, perhaps benightedly, they are striving; or whether he is the one thing, along with the natural elements, that the Red Guards are unable to destroy. Throughout the poem there are a good many religious references, many of them amounting to *prima facie* blasphemy. Blok himself claimed he was surprised by the appearance of Christ in his work. Be that as it may, the Christ of *The Twelve* with his 'tender tread' and 'white halo' is reminiscent of the Divine Feminine which Blok and his fellow Symbolists revered. Moreover, *The Twelve*, as we have it, suggests an equation between the establishment of socialism and the advent of Christianity. Finally, for a master craftsman like Blok, there could be no better image to impress on Holy Russia the importance of what was happening in 1917 than Christ – spelled in the Old Believer orthography so as to identify him with the oppressed masses and the outcasts.

The poem incorporates elements of the epic and the dramatic, mingles revolutionary slogans and songs with verbal obscenity and acts of violence. The mob is on the rampage as much as the wind and the frost. Nearly everything is seen in terms of black and white. Other colours are rarely mentioned.

Skify (*Scythians*) was written hard on the heels of *The Twelve* and illustrates Blok's Slavophile and nationalist side. In exhorting the Western allies to sue for peace with the new Bolshevik government the work is more tied to the specific political context of the day than is *The Twelve*, but it rehearses in a graphic manner the age-old dilemma about Russia's identity: Is Russia really European? Should she embrace the West or shun it?

Esenin is a misfit. He belongs to none of the schools discussed so far. He felt alienated from Soviet society, though he had welcomed the Revolution, and his tempestuous personal life − his excessive drinking, his brawling, broken relationships and self-inflicted health problems − mark him out as a rebel. The rebel's cause, the championing of rural Russia in the face of technological advance, verged, to put it unkindly, on an affectation, yet he voiced in the most mellifluous and resonant words a widespread, deeply felt concern about the fate of the Russian village. His sentiments, officially frowned on in the 1930s, have gained much greater currency since the late 1950s with the emergence of 'village prose'. The peasant's resilience, stoicism and patriotism are qualities much valued in a world where townspeople, especially the young, are often drifters and sceptics, more interested in foreign fashions than in Russian traditions.

In 1919 a small group of poets including Esenin published a literary manifesto in which they called themselves *imazhinisty* (variously translated into English as 'Imagists' or 'Imaginists'). They declared: 'The only law of art, its only and incomparable method is to show life by means of images and by the rhythm of images.' This minor literary group was virtually defunct by 1923, but their manifesto does provide us with the key to Esenin's verse. Often the pictures and sounds that he evokes are far more important than his thought-content. There are occasions when his meaning is difficult to grasp, not just because of his predilection for rustic terms and peasant speech, but because his imagery sometimes runs away with his grammar.

Esenin's poetry does not contain the same philosophical riches as Blok's or Pasternak's. The reader's interest centres on other areas: the devices that the poet uses to achieve his effects, the interplay of colour and sound, the evocative description of nature's vitality; or on the poet's psychology. A robust and handsome man until his drinking took its toll, Esenin committed suicide at the age of thirty. Particularly in his last few years he complained regularly of his obsolescence, his failing health and his alienation from the world around him. In some poems he depicts himself as a thug and a lout; in *Chernyi chelovek* (*The Black Man*) he turns his violence on himself. The split personality which Dostoevsky explored so thoroughly is thus still to be found in the Soviet era.

He wrote long narrative poems like *Pugachev* and *Anna Snegina* with a clear bias towards the Revolution, yet he never could resolve the conflict he felt within himself of personal versus public concerns, as one of his most famous poems *Rus' sovetskaya* (*Soviet Rus*) illustrates. Ultimately, Esenin was primarily at odds with the industrial age, not with his government which sought to hasten its progress.

Mayakovsky, the most famous of the Futurists, was in one sense the exact opposite of Esenin, yet in other ways proved to be rather similar. Child-Bolshevik, architect of an artistic revolution, creator of daring, difficult and individualistic love poems before 1917, he welcomed the Revolution and put himself at its service. He threw his considerable energies into producing propaganda verse and revolutionary posters. But Mayakovsky remained a rebel long after the political revoluton had given way to a measure of social stability. He always opposed *byt*, a concept which might be translated as 'everyday life' or 'humdrum existence'. He praised Lenin to the skies in some poems, though ironically Lenin was not fond of Mayakovsky's verse. He also praised technology, the new era, the factory and the blast-furnace. While still retaining an overt individualism,

Introduction

Mayakovsky revelled in crowd scenes, multitudes and armies. There is often a pronounced sense of humour in his work, a searing satire aimed at the bureaucrat, the hack, the squeamish and faint-hearted.

Mayakovsky never abandoned the 'steamship of modernity' which he and his friends hailed in the Futurist manifesto of 1912. With his eye always on the future, he professed to a teleology that on the whole accorded with the politicians' promises of a bright future. However, he could not compromise with the present. While he was inspired by the inauguration of the five-year plans, he became disenchanted with the increasing bureaucratization of Soviet life, and with the petty concerns of the careerists around him.

Mayakovsky made few gestures towards his literary ancestry, but one finds in his work Gogolian hyperbole and Dostoevskian pre-occupations with self-will. In addition, for a poet who tried to write off his literary parentage and work for a future based on collectivism, there is an astonishing insistence on his own self, not so dissimilar from that of the Romantics. Beneath the toughness and pugnacity there was also vulnerability. Before the Revolution Mayakovsky wore his heart on his sleeve. In Soviet times, he was to write: 'But I subdued myself, stepping on the throat of my own song.' Luna-charsky, the first Soviet Commissar of Enlightenment, said 'Mayakovsky was sensitive to an extreme, that is, sensitive, tender and responsive to everything around him.'

The two most immediately striking things about Mayakovsky's verse are the way it appears on the printed page, in 'stepped' lines, some of only one-word length; and the dexterity of his rhymes. The 'stepped' lines, of course, lend themselves to the rhetorical style: this is poetry to be *declaimed*, to exhort, to persuade. The rhyme, generally the most obvious of poetic devices and far more common in Russian than in English verse, becomes in Mayakovsky's hands an astonishing, as it were, new, phenomenon. He wrote in *Kak delat' stikhi?* (*How Should Verse Be Made?*):

> Perhaps it can be left unrhymed? Impossible. Why? Because without a rhyme (in the broad sense of the word), the verse will fall apart.

Rhyme takes you back to the preceding line, forces all the lines forming one single idea to hang together.

In his poem *Razgovor s fininspektorom o poesii* (*Conversation with a Tax Inspector about Poetry*) he states that a rhyme is an IOU that will be honoured in a subsequent line, and since he might have to travel to Venezuela to find an original rhyme, he asks whether he might claim tax relief on his travelling expenses.

Mayakovsky's suicide in 1930 does not invalidate his apparently callous poem on Esenin's suicide five years before. Rather, it demonstrates that Mayakovsky, better than most, understood and sympathized with his alienated colleague. Like many of his poems, *Sergeyu Eseninu* (*To Sergei Esenin*) was really about Mayakovsky.

To the general reader in the West Pasternak is known primarily for *Doktor Zhivago*, and it would be safe to assume that many who have read the novel skip the poems which form its final chapter. In Russia Pasternak was, until recently, famous primarily for his verse and for his translations, notably of Shakespeare. The prose part of his novel was published in the Soviet Union only in 1988. Coming from a gifted, well-to-do family, Pasternak opened his outstanding mind to all manner of influences. He seriously contemplated careers in music and philosophy before settling on creative writing. Much influenced by Mayakovsky, he combined all the daring and 'surprise' techniques of the Futurists with an erudition and urbanity that soon set him apart from them. His writing betrays a youthful zest for life that never deserted him. Meeting him for the first time in 1957, Evtushenko took him for a man of 47 or 48 (in fact he was 20 years older): 'And at once everything was simple and easy, and soon we were sitting at table, eating chicken and drinking brandy.'

Pasternak's 'simplicity' and 'easiness' appear more in his life and his manner than, at first sight, in his writing. His nature descriptions often rely on personification and metaphors that draw together essentially quite disparate things. The overall effect is to express an enthusiasm for every aspect of life (often nature is seen in conjunction – rather than in conflict – with the town) and especially to create a sensation of unity between all the various phenomena that make up the universe. At the same time one finds precision and close attention to detail. Thus Symbolist and even Acmeist principles are not too far away in Pasternak's verse either. Moreover, unlike many lyrical poets, Pasternak is very self-effacing. If he does make an appearance in his work it is as a participant in the life process rather than as an idle observer.

At times Pasternak offers us a bewildering cluster of images in his attempt to affirm the vitality of what he perceives, and he always fights hard to avoid clichés, for clichés are, by definition, dead. In taking his vocabulary from all walks of life (some of it is decidedly obscure), he gives status to the language of the man in the street. He simultaneously democratizes and emancipates the Russian language. A train timetable can become 'more grandiose than holy scripture'; or a wounded soldier can contemplate writing a play after the war 'in the language of a provincial' to bring 'order and clarity' to the unimaginable course of events in his life.

Indeed such poems as *Staryi park* (*The Old Park*), from which the latter example is taken, suggest the fundamentals of Pasternak's philosophy. For him 'life' can almost be contrasted with 'history' or 'politics'. He wrote long poems such as *1905* and *Leitenant Shmidt* which purported to deal head-on with historical events and Russia's revolutionary struggle, but as the writer and critic Sinyavsky, in his Introduction to the 1965 Soviet edition of Pasternak's poetry, pointed out: 'Pasternak is more likely to tell us what the weather was like at a certain moment in history than to give a consistent exposition of the order and movement of events.' Pasternak did not equate 'history' or 'politics' with 'progress', and indeed felt that these were both, if they existed in any meaningful way at all, subordinate to 'art'. Art was eternal and outside the process of time.

While the Soviet establishment could rejoice in Pasternak's zest and enthusiasm for life – including Soviet life – it could not come to terms with his quiet disdain for the official doctrine. Matters came to a head over *Doktor Zhivago*, published first in Italy in 1957. This work is not just a novel but a testimony, a clear expression of the author's values. Pasternak's hero rightly fixes his attention on

Introduction

Hamlet. Hamlet's achievement was that he bore witness to a corrupt time, never became corrupt himself, and through love, sensitivity and sacrifice left a legacy without which a healthier society could hardly have developed later on. This too was Pasternak's achievement.

I have taught women to speak . . .
But, God, how do you make them be quiet!

Akhmatova wrote these words in a four-line *Epigram* in 1958. Shorn of any anti-feminist overtones, they in fact tell us a lot about their author. Together with Marina Tsvetaeva (1892–1941), she established beyond doubt the reputation of women writers in Russian literature and gave voice to all those people, but especially the women, who suffered during the darkest days of Soviet history. As an Acmeist, she had no time for those who used words idly or falsely. Her own style is on the whole simple, direct and deeply moving. True, her long work *Poema bez geroya* (*Poem without a Hero*) is often laden with recondite, personal references, but such obscurity is the exception rather than the rule.

Highly intelligent and extremely attractive, Akhmatova had gifts which frequently brought her misery. Her early love poems are marked by the anguish of parting from a loved one, and this theme of separation stayed with her throughout her life. Like Pasternak, she witnessed the death or imprisonment of many near and dear to her, but overt social protest and a sense of civic outrage seemed to find their way into her works more quickly than they did into Pasternak's. She had a talent for combining personal and public considerations, and this blend is found in full measure in *Rekviem* (*Requiem*), not officially published in the Soviet Union until 1987. The religious flavour of her earlier verse (where biblical stories are often given a secular twist) is enhanced in her depiction of Stalin's purges. Her suffering, like Christ's, leads to a form of salvation. The natural order of things is overturned as 'mountains bend' and 'the great river does not flow' in the face of such grief. Such images perhaps recall Old Testament times or the *byliny*, the ancient Russian epic poems. By

xxii

the end of the poem the author is looking to the future. Elsewhere in the poem the temporal sweep is reduced to a single day. Similar changes in dimension occur geographically; but the individual is never lost in the multitude, for Akhmatova can see, hear and feel each of the women who queue outside the prison for news of their husbands or sons.

The cycle *V sorokovom godu* (*In 1940*) not only illustrates Akhmatova's obvious concern for countries at war (though voicing such concern after the Soviet Union had signed a non-aggression pact with Hitler was in itself courageous), it also shows the author's close affinity with European culture and values. Indeed, Osip Mandelshtam once defined Acmeism as 'a longing for world culture'. *In 1940* further indicates Akhmatova's ability to confront history in a way that Pasternak could not. A much quoted extract from *Poem without a Hero* speaks not of the 'calendar twentieth century', but the 'Real Twentieth Century' approaching with World War I. One should remember that the real twentieth century for Russia has meant, among other things, misery and death on a scale unimaginable to the West.

Evtushenko is a prolific and versatile writer who, though primarily a poet, has also turned his hand to novels, film scripts, photography, acting, directing and journalism. The versatility is very much on display in the themes of his verse too, for he writes with equal verve about politics, history, taxi-drivers, hydroelectric stations or comely Parisiennes. The Soviet critic Evgeny Sidorov once called him a 'cardiogram of time' and he is certainly adept at recording key moments in contemporary affairs (the Cuba crisis, American involvement in South-East Asia, and Ulster, not to mention political developments in the Soviet Union itself). Accessibility and immediacy are his chief traits, and with his honesty and humour Evtushenko has become, with all the artistic pitfalls that it entails, one of the most popular poets of the Soviet Union. His work is uneven but he acknowledges a debt to Mayakovsky among others, and his best verse will surely endure. That said, he is essentially a poet of the 1960s, a product of the cultural thaw that followed Stalin's death.

Introduction

His meteoric early career coincided with an international revival of interest in poetry (one thinks of the popularity of Adrian Mitchell and Roger McGough in Britain, or the lyrics of Bob Dylan in the USA). Like the novelist Hemingway (who figures in one of his poems) Evtushenko seems to appeal especially to younger men and women.

A poem like *Tainy* (*Mysteries*) clearly depends for its effect on alliteration and word-play, but the sub-text of the piece takes on the more important task of reinstating the unknowable side of life. This was particularly poignant after an era in which the function of literature was deemed to be to explain and to educate in the most utilitarian fashion. In *Mysteries* personal happiness is higher on the agenda than civic responsibility. In *Kradenye yabloki* (*Stolen Apples*), the poet recalls an amorous escapade in a *dacha* he once borrowed. *Double entendre* as used in the title is maintained throughout the poem, as the couple are urged not to be afraid to love, but, like footballers, to break through to the penalty area. The poet may be criticized, 'hounded by gossip', but he insists love is not for the weak. Only the most puritanical could fail to be won over by Evtushenko's depiction of the joy, the comedy and the freedom that the illicit act expresses.

Babii Yar is of a very different order. The appalling massacre of Jews by the Nazis (many of them Ukrainian nationalists in German uniform) in the ravine outside Kiev has been the subject of several works. Anatoly Kuznetsov wrote a documentary novel called *Babii Yar* and passages from this work were also the basis for part of D. M. Thomas' novel *The White Hotel*. Evtushenko uses the episode not to express anti-Nazi feelings – which would hardly be unconventional – but to attack anti-Semitism in the Soviet Union.

In 1961, as a continuation of Khrushchev's de-Stalinization policy, Stalin's body was removed from the Mausoleum on Red Square, where it had lain alongside Lenin's since 1953. Like many, many other Russians, Evtushenko had lost relations in the dictator's purges, and he welcomed what seemed to be a new era. But he was astute enough to recognize that there were those who still hankered after the old, well-disciplined times, and who had a vested interest in

Stalinism. The fears expressed in *Nasledniki Stalina* (*Stalin's Heirs*) proved to be well founded when in 1964 Khrushchev was forcibly retired. The poem spells out graphically the costs and achievements of Stalinism.

Voznesensky's name has often been coupled with that of Evtushenko, since they both voiced the aspirations of the younger generation in the 1960s and attracted huge crowds to their public recitals. Yet, if anything, Voznesensky is the more subtle and dextrous in his craft. In his foreword to the Blake/Hayward edition (*Antiworlds and The Fifth Ace*), W. H. Auden, bemoaning the fact that he had to read Voznesensky in transliteration and translation, wrote: 'Here, at least, is a poet who knows that, whatever else it may be, a poem is a verbal artifact which must be as skilfully and solidly constructed as a table or a motorcycle.' The observation is acute, for time and again one sees in Voznesensky's verse evidence of his early training as an architect. At the same time the poet utilizes slang and puns to produce startling images (the influence of Pasternak, who instantly recognized his talent, is obvious), and sharp irony.

In his endeavours to present the world in a new light Voznesensky raises awkward questions. For instance, in *NTR* (*S T R – Scientific-Technological Revolution*) he uses this coinage of the Brezhnev era not to celebrate industrial achievement but to question the validity of technological progress. Similarly in *Khnizhnyi bum* (*Book Boom*) he records in ironic tones the victory of literary quantity over literary quality. *Poslednyaya elektrichka* (*The Last Suburban Train*) shows the anything but bland visage of Moscow at night – indeed this poem might well be read as an antidote to the sentimentality of the famous song *Moscow Nights*. The best known of his poems, *Goya*, is an outstanding example of alliteration and assonance used to evoke the horrors of World War II, and at the same time it launches us into a realm beyond the earth and the here and now.

The poems in this volume are only a tiny fraction of the output of the poets concerned. Moreover, seven poets in themselves barely suffice to give an impression of the strength of Russian verse in the

twentieth century. In particular the younger, post-Thaw generation
of poets that flourished in the 1960s and 1970s is woefully under-
represented here. Thus, it is fitting that these notes should conclude
as they started – with Vysotsky. Voznesensky's tribute to him is a
further example of the tendency in the work of Russian writers to
cross-fertilize. Besides the comparisons suggested in the foregoing
discussion, the diligent student will certainly find many other points
of contact between the various poets within, and their colleagues
beyond, the following pages.

General Further Reading

In English

Brown, Deming, *Soviet Russian Literature since Stalin*, Cambridge University Press, 1978. [A good reference work.]

Brown, Edward, *Russian Literature since the Revolution*, revised edn, enlarged, Harvard University Press, Cambridge, Mass. and London, 1982. [A helpful reference work. Has a very useful chapter on Mayakovsky.]

France, Peter, *Poets of Modern Russia*, Cambridge University Press, 1982. [Has a full discussion of five of the poets in this volume. Esenin and Evtushenko are not treated in depth.]

Hingley, Ronald, *Nightingale Fever – Russian Poets in Revolution*, Weidenfeld and Nicolson, London, 1982. [Lucid, perceptive and above all readable discussion of life and works of four major Russian poets including Akhmatova and Pasternak.]

Poggioli, Renato, *The Poets of Russia, 1890–1930*, Harvard University Press, Cambridge, Mass., 1960. [In fact takes the story beyond 1930 with a section on Pasternak in the 1950s.]

In Russian

Istoriya russkoi sovetskoi poezii 2 vols: Akademiya nauk SSSR. Vol. I 1917–41, Vol. II 1941–80. Nauka, Leningrad, 1983 and 1984.

Chief Historical Events

1905   Revolution – some degree of constitutional reform achieved.
1914   Start of World War I.
1917   February Revolution sweeps away autocracy; October Revolution brings Lenin and the Bolsheviks to power.
1918   End of World War I.
1918–21   Civil War in Russia.
1924   Lenin dies.
1928–9   Stalin supreme, having defeated all rivals for control of Bolshevik Party. Start of five-year plans, collectivization, mass purges.
1934   First Congress of Soviet Writers.
1937   Height of purges.
1941   Germans invade Soviet Union.
1945   End of World War II. Start of Cold War and renewed repression of writers.
1953   Death of Stalin.
1956   Khrushchev denounces Stalin. Cultural thaw well under way.
1964   Khrushchev relieved of duties. Brezhnev comes to power.
1966   Trial of writers Sinyavsky and Daniel. 'Third emigration' of Soviet writers begins.

1974	Solzhenitsyn expelled from Soviet Union.
1982	Brezhnev dies. Succeeded by Andropov.
1984	Andropov dies. Succeeded by Chernenko.
1985	Chernenko dies. Gorbachev comes to power, inaugurates period of 'restructuring' and 'openness'. New cultural thaw begins.
1986	Eighth Soviet Writers' Congress.

Aleksandr Aleksandrovich Blok (1880–1921)

1880	Born in St Petersburg, but brought up on family estate, mainly in the company of women, in a very intellectual milieu. Educated at secondary school and Petersburg University.
1898	Falls in love with Lyubov Mendeleeva, daughter of the famous chemist.
1903	Marries Lyubov, but their life together does not prove happy.
1904	*Stikhi o prekrasnoi dame*. By now closely acquainted with many of the leading writers of the day, especially the Symbolists.
1906	*Neznakomka*; play *Balaganchik*.
1907	*Snezhnaya maska* cycle.
1910–14	Writes *Golos iz khora* (revised just before outbreak of war in 1914). Published 1916.
1914–17	In the armed services, but does not see action.
1918	*Dvenadtsat'* and *Skify*.
1918–21	Last years spent lecturing, editing and continuing work on poem *Vozmezdie*, begun in 1910.

Further Reading

Forsyth, James, *Listening to the Wind: An Introduction to Alexander Blok*, Meeuws, Oxford, 1977.

Hackel, Sergei, *The Poet and the Revolution*, Oxford University Press, 1975. [Detailed, absorbing discussion of *Dvenadtsat'*.]

Pyman, Avril, *Alexander Blok: Selected Poems*, Pergamon, Oxford, 1972. [Excellent edition with a full Introduction and detailed annotations.]

Slonim, Marc, *From Chekhov to the Revolution: Russian Literature 1900–1917*, Oxford University Press, 1962 (pp. 196–210).

Woodward, James, *Selected Poems of Alexandr Blok*, Oxford University Press, 1968. [Very thoroughly annotated, with a lengthy, erudite Introduction.]

Source

The texts are taken from Aleksandr Blok: *Stikhotvoreniya. Poemy. Teatr. V dvukh tomakh*. Izdatel'stvo 'Khudozhestvennaya literatura', Leningrad, 1972.

Двена́дцать

1

Чёрный ве́чер.
Бе́лый снег.
Ве́тер, ве́тер!
На нога́х не стои́т челове́к.[1]
Ве́тер, ве́тер —
На всём бо́жьем све́те!

2

Завива́ет ве́тер
Бе́лый снежо́к.
Под снежко́м — ледо́к.
Ско́льзко, тя́жко,
Вся́кий ходо́к
Скользи́т — ах, бедня́жка![2]

От зда́ния к зда́нию
Протя́нут кана́т.
На кана́те — плака́т:
«Вся власть Учреди́тельному Собра́нию!»[3]
Стару́шка убива́ется — пла́чет,
Ника́к не поймёт, что зна́чит,
На что тако́й плака́т,
Тако́й огро́мный лоску́т?
Ско́лько бы вы́шло портя́нок для ребя́т,[4]
А вся́кий — разде́т, разу́т . . .

Стару́шка, как ку́рица,
Кой-ка́к[5] перемотну́лась че́рез сугро́б.
— Ох, Ма́тушка-Засту́пница![6]
— Ох, большевики́ заго́нят в гроб!

Ве́тер хлёсткий!
Не отстаёт и моро́з!
И буржу́й на перекрёстке
В воротни́к упря́тал нос.

А э́то кто? — Дли́нные во́лосы
И говори́т вполго́лоса:
— Преда́тели!
— Поги́бла Росси́я!
Должно́ быть, писа́тель —
Вити́я . . .

А вон и долгопо́лый —
Сторо́нкой[7] — за сугро́б . . .
Что́ ны́нче невесёлый,
    Това́рищ поп?[8]

По́мнишь, как быва́ло
Брю́хом шёл вперёд,
И кресто́м сия́ло
Брю́хо на наро́д? . . .

Вон ба́рыня в кара́куле[9]
К друго́й подверну́лась:
— Ужь мы пла́кали, пла́кали . . .
    Поскользну́лась
И — бац — растяну́лась!

        Ай, ай!
    Тяни́, подыма́й!

    Ве́тер весёлый
    И зол, и рад.
    Кру́тит подо́лы,
    Прохо́жих ко́сит
Рвёт, мнёт и но́сит
Большо́й плака́т:
«Вся власть Учреди́тельному Собра́нию» . . .
И слова́ доно́сит:

    . . . И у нас бы́ло собра́ние . . .
    . . . Вот в э́том зда́нии . . .
        . . . Обсуди́ли —
        Постанови́ли:
На вре́мя — де́сять, на́ ночь — два́дцать пять . . .
    . . . И ме́ньше — ни с кого́ не брать . . .
        . . . Пойдём спать . . .

Поздний вечер.
Пустеет улица.
Один бродяга
Сутулится,
Да свищет ветер . . .

Эй, бедняга!
    Подходи —
Поцелуемся . . .

    Хлеба![10]
Что впереди?
    Проходи![11]

Чёрное, чёрное небо.

Злоба, грустная злоба
    Кипит в груди . . .
Чёрная злоба, святая злоба . . .

    Товарищ! Гляди
    В оба![12]

2

Гуляет ветер,[13] порхает снег.
Идут двенадцать человек.

Винтовок чёрные ремни,
Кругом — огни, огни, огни . . .[14]

В зубах — цыгарка,[15] примят[16] картуз,
На спину б надо бубновый туз![17]

5

Свобо́да, свобо́да,
Эх, эх, без креста́!

Тра-та-та́!

Хо́лодно, това́рищи, хо́лодно!

— А Ва́нька с Ка́тькой — в кабаке́ . . .
— У ей[18] кере́нки[19] есть в чулке́!

— Ваню́шка сам тепе́рь бога́т . . .
— Был Ва́нька наш, а стал солда́т![20]

—Ну, Ва́нька, су́кин сын, буржу́й,
Мою́, попро́буй, поцелу́й![21]

Свобо́да, свобо́да,
Эх, эх, без креста́!
Ка́тька с Ва́нькой занята́ —
Чем, чем занята́? . . .

Тра-та-та́!

Круго́м — огни́, огни́, огни́ . . .
Опле́чь — руже́йные ремни́ . . .

Революцьо́нный держи́те шаг!
Неугомо́нный не дре́млет враг![22]

Това́рищ, винто́вку держи́, не трусь!
Пальнём-ка пу́лей в Святу́ю Русь —[23]

В кондову́ю,
В избяну́ю,
В толстоза́дую!

Эх, эх, без креста́!

3

Как пошли́ на́ши ребя́та
В кра́сной гва́рдии служи́ть —
В кра́сной гва́рдии служи́ть —
Бу́йну го́лову сложи́ть![24]

Эх ты, го́ре-го́рькое,[25]
Сла́дкое житьё!
Рва́ное пальти́шко,
Австри́йское ружьё![26]

Мы на го́ре всем буржу́ям
Мирово́й пожа́р разду́ем,
Мирово́й пожа́р в крови́ —
Го́споди, благослови́!

4

Снег крути́т,[27] лиха́ч кричи́т,
Ва́нька с Ка́тькою лети́т —
Елекстри́ческий[28] фона́рик
  На огло́бельках …
  Ах, ах, пади́! …

Он в шине́лишке солда́тской
С физионо́мией дура́цкой
Кру́тит, кру́тит чёрный ус,
  Да покру́чивает,
  Да пошу́чивает …[29]

Вот так Ва́нька — он плечи́ст!
Вот так Ва́нька — он речи́ст!
  Ка́тьку-ду́ру обнима́ет,
  Загова́ривает …

Запроки́нулась лицо́м,
Зу́бки бле́щут жемчуго́м . . .[30]
   Ах ты, Ка́тя, моя́ Ка́тя,
Толстомо́рденькая . . .

5

У тебя́ на ше́е, Ка́тя,
Шрам не за́жил от ножа́,
У тебя́ под гру́дью, Ка́тя,
Та цара́пина свежа́!

   Эх, эх, попляши́!
   Бо́льно но́жки хороши́![31]

В кружевно́м белье́ ходи́ла —
Походи́-ка, походи́!

С офице́рами блуди́ла —[32]
Поблуди́-ка, поблуди́!

   Эх, эх, поблуди́!
   Се́рдце ёкнуло в груди́!

По́мнишь, Ка́тя, офице́ра —
Не ушёл он от ножа́ . . .
Аль не вспо́мнила, холе́ра?
А́ли[33] па́мять не свежа́?

   Эх, эх, освежи́,
   Спать с собо́ю положи́!

Гётры се́рые носи́ла,
Шокола́д Мінью́н жрала́,[34]
С ю́нкерье́м[35] гуля́ть ходи́ла —
С солдатье́м тепе́рь пошла́?

Эх, эх, согреши́!
Бу́дет ле́гче для души́!

6

... Опя́ть навстре́чу несётся вскачь,
Лети́т, вопи́т, орёт лиха́ч ...

Стой, стой! Андрю́ха,[36] помога́й!
Петру́ха, сза́ду забега́й! ...

Тра́х-тарара́х-тах-та́х-тах-та́х!
Вскрути́лся к не́бу сне́жный прах! ...

Лиха́ч — и с Ва́нькой — наутёк ...
Ещё разо́к! Взводи́ куро́к! ...[37]

Тра́х-тарара́х! Ты бу́дешь знать,
. . . .[38]
Как с де́вочкой чужо́й гуля́ть! ...

Утёк, подле́ц! Ужо́,[39] посто́й,
Распра́влюсь за́втра я с тобо́й!

А Ка́тька где? — Мертва́, мертва́!
Простре́ленная голова́!

Что́, Ка́тька, ра́да? — Ни гу-гу́ ...[40]
Лежи́ ты, па́даль, на снегу́!

Революцьо́нный держи́те шаг!
Неугомо́нный не дре́млет враг!

7

И опя́ть иду́т двена́дцать,
За плеча́ми — ружьеца́.
Лишь у бе́дного уби́йцы
Не вида́ть совсе́м лица́ . . .

Всё быстре́е и быстре́е
Утора́пливает шаг.
Замота́л плато́к на ше́е —
Не опра́виться ника́к . . .

— Что, това́рищ, ты не ве́сел?
— Что, дружо́к, оторопе́л?
— Что, Петру́ха, нос пове́сил,[41]
Йли Ка́тьку пожале́л?

— Ох, това́рищи, родны́е,
Э́ту де́вку я люби́л . . .
Но́чки чёрные, хмельны́е
С э́той де́вкой проводи́л . . .

— Из-за у́дали бедо́вой[42]
В огневы́х её оча́х,
Из-за ро́динки пунцо́вой
Во́зле пра́вого плеча́,
Загуби́л я, бестолко́вый,
Загуби́л я сгоряча́ . . . ах!

— Ишь, стерве́ц, завёл шарма́нку,[43]
Что ты, Пе́тька, ба́ба, что ль?
— Ве́рно, ду́шу наизна́нку
Взду́мал вы́вернуть? Изво́ль![44]

10

— Поддержи́ свою́ оса́нку!
— Над собо́й держи́ контро́ль!

— Не тако́е ны́нче вре́мя,
Что́бы ня́ньчиться с тобо́й![45]
Потяже́ле бу́дет бре́мя
Нам, това́рищ дорого́й!

И Петру́ха замедля́ет
Торопли́вые шаги́ . . .

Он голо́вку вскидава́ет,
Он опя́ть повеселе́л . . .

   Эх, эх!
Позаба́виться не грех!

Запира́йте етажи́,[46]
Ны́нче бу́дут грабежи́!

Отмыка́йте погреба́ —
Гуля́ет ны́нче голытьба́!

8

  Ох ты, го́ре-го́рькое!
    Ску́ка ску́чная,
    Сме́ртная!

Ужь я вре́мячко
Проведу́, проведу́ . . .

Ужь я те́мячко
Почешу́, почешу́ . . .

Ужь я се́мячки
Полущу́, полущу́ . . .

Ужь я но́жичком
Полосну́, полосну́! . . .

Ты лети́, буржу́й, воро́бышком!
Вы́пью кро́вушку
За зазно́бушку,
Чернобро́вушку . . .

Упоко́й, го́споди, ду́шу рабы́ твоея́ . . .

Ску́чно!⁴⁷

9

Не слы́шно шу́му городско́го,
Над не́вской ба́шней тишина́,⁴⁸
И бо́льше нет городово́го —
Гуля́й, ребя́та, без вина́!⁴⁹

Стои́т буржу́й на перекрёстке
И в воротни́к упря́тал нос.
А ря́дом жмётся ше́рстью жёсткой
Поджа́вший хвост парши́вый пёс.

Стои́т буржу́й, как пёс голо́дный,
Стои́т безмо́лвный, как вопро́с.
И ста́рый мир, как пёс безро́дный,
Стои́т за ним, поджа́вши хвост.

10

Разыгра́лась что́й-то[50] вью́га,
  Ой, вьюга́, ой, вьюга́[51]
Не вида́ть совсе́м друг дру́га
  За четы́ре за шага́!

Снег воро́нкой завился́,
Снег столбу́шкой подня́лся́ ...

— Ох, пурга́ кака́я, спа́се![52]
— Пе́тька! Эй, не завира́йся!
От чего́ тебя́ упа́с
Золото́й иконоста́с?[53]
Бессозна́тельный[54] ты, пра́во,
Рассуди́, поду́май здра́во —
А́ли ру́ки не в крови́
Из-за Ка́тькиной любви́?
— Шаг держи́ революцьо́нный!
Бли́зок враг неугомо́нный!

  Вперёд, вперёд, вперёд,
  Рабо́чий наро́д![55]

11

... И иду́т без и́мени свято́го
  Все двена́дцать — вдаль.
  Ко всему́ гото́вы,
  Ничего́ не жаль ...

Их винто́вочки стальны́е
На незри́мого врага́ ...
В переу́лочки глухи́е,

Где одна́ пыли́т пурга́ . . .
Да в сугро́бы пухо́вые —
Не утя́нешь сапога́ . . .

В о́чи бьётся
Кра́сный флаг.

Раздаётся
Ме́рный шаг.

Вот — проснётся
Лю́тый враг . . .

И вьюга́ пыли́т им в о́чи
Дни и но́чи
Напролёт . . .

Вперёд, вперёд,
Рабо́чий наро́д!

12

. . . Вдаль иду́т держа́вным ша́гом . . .
— Кто ещё там? Выходи́!
Э́то — ве́тер с кра́сным фла́гом
Разыгра́лся впереди́ . . .

Впереди́ — сугро́б холо́дный.
— Кто в сугро́бе — выходи́! . . .
То́лько ни́щий пёс голо́дный
Ковыля́ет позади́ . . .

— Отвяжи́сь ты, шелуди́вый,
Я штыко́м пощекочу́!
Ста́рый мир, как пёс парши́вый,
Провали́сь — поколочу́![56]

... Ска́лит зу́бы — волк голо́дный —
Хвост поджа́л — не отстаёт —
Пёс холо́дный — пёс безро́дный ...
— Эй, откли́кнись, кто идёт?

— Кто там ма́шет кра́сным фла́гом?
— Пригляди́сь-ка, э́ка тьма![57]
— Кто там хо́дит бе́глым ша́гом,
Хороня́сь за все дома́?

— Всё равно́, тебя́ добу́ду,
Лу́чше сда́йся мне живьём![58]
— Эй, това́рищ, бу́дет ху́до,
Выходи́, стреля́ть начнём!

Тра́х-тах-та́х! — И то́лько э́хо
Отклика́ется в дома́х ...
То́лько вью́га до́лгим сме́хом
Залива́ется в снега́х ...

        Тра́х-тах-та́х!
        Тра́х-тах-та́х ...

... Так иду́т держа́вным ша́гом —
    Позади́ — голо́дный пёс,
Впереди́ — с крова́вым фла́гом,
    И за вью́гой невиди́м,
    И от пу́ли невреди́м,
Не́жной по́ступью надвью́жной,
Сне́жной ро́ссыпью жемчу́жной,[59]
    В бе́лом ве́нчике из роз —
    Впереди́ — Ису́с Христо́с.[60]

                    1918

Скифы[1]

> Панмонголизм! Хоть имя дико,
> Но мне ласкает слух оно.
> *Владимир Соловьёв*[2]

Мильо́ны[3] — вас. Нас — тьмы, и тьмы, и тьмы.[4]
   Попро́буйте, срази́тесь с на́ми!
Да, ски́фы — мы! Да, азиа́ты — мы,
   С раско́сыми и жа́дными оча́ми!

Для вас — века́, для нас — еди́ный час.
   Мы, как послу́шные холо́пы,
Держа́ли щит меж двух вражде́бных рас
   Монго́лов и Евро́пы!

Века́, века́ ваш ста́рый горн кова́л
   И заглуша́л грома́[5] лави́ны,
И ди́кой ска́зкой был для вас прова́л
   И Лиссабо́на, и Месси́ны![6]

Вы со́тни лет гляде́ли на Восто́к,
   Копя́ и пла́вя на́ши пе́рлы,
И вы, глумя́сь, счита́ли то́лько срок,
   Когда́ наста́вить пу́шек же́рла!

Вот — срок наста́л. Крыла́ми бьёт беда́,[7]
   И ка́ждый день оби́ды мно́жит,
И день придёт — не бу́дет и следа́
   От ва́ших Пе́стумов,[8] быть мо́жет!

О, ста́рый мир! Пока́ ты не поги́б,
   Пока́ томи́шься му́кой сла́дкой,
Останови́сь, прему́дрый, как Эди́п,[9]
   Пред Сфи́нксом с дре́внею зага́дкой!

16

Росси́я — Сфинкс. Лику́я и скорбя́,
  И облива́ясь чёрной кро́вью,
Она́ гляди́т, гляди́т, гляди́т в тебя́,
  И с не́навистью, и с любо́вью! . . .

Да, так люби́ть, как лю́бит на́ша кровь,
  Никто́ из вас давно́ не лю́бит!
Забы́ли вы, что в ми́ре есть любо́вь,
  Кото́рая и жжёт, и гу́бит!

Мы лю́бим всё — и жар холо́дных числ,[10]
  И дар боже́ственных виде́ний,
Нам вня́тно всё — и о́стрый га́лльский смысл,
  И су́мрачный герма́нский ге́ний . . .

Мы по́мним всё — пари́жских у́лиц ад,
  И венецья́нские прохла́ды,[11]
Лимо́нных рощ далёкий арома́т,
  И Кёльна ды́мные грома́ды . . .[12]

Мы лю́бим плоть — и вкус её, и цвет,
  И ду́шный, сме́ртный пло́ти за́пах . . .
Вино́вны ль мы, коль хру́стнет ваш скеле́т
  В тяжёлых, не́жных на́ших ла́пах?

Привы́кли мы, хвата́я под уздцы́
  Игра́ющих коне́й рети́вых,
Лома́ть коня́м тяжёлые крестцы́,[13]
  И усмиря́ть рабы́нь стропти́вых . . .

Приди́те к нам! От у́жасов войны́
  Приди́те в ми́рные объя́тья!
Пока́ не по́здно — ста́рый меч в ножны́,
  Това́рищи! Мы ста́нем — бра́тья!

17

А е́сли нет, — нам не́чего теря́ть,
И нам досту́пно веролóмство![14]
Векá, векá — вас бýдет проклинáть
Больнóе пóзднее потóмство!

Мы широкó по дéбрям и лесáм
Пéред Еврóпою пригóжей
Расстýпимся! Мы обернёмся к вам
Своéю азиáтской рóжей!

Иди́те все, иди́те на Урáл![15]
Мы очищáем мéсто бóю
Стальны́х маши́н, где ды́шит интегрáл,
С монгóльской ди́кою ордóю![16]

Но сáми мы — отны́не вам не щит,
Отны́не в бой не вступим сáми,
Мы погляди́м, как смéртный бой кипи́т,
Свои́ми ýзкими глазáми.

Не сдви́немся, когдá свирéпый гунн
В кармáнах трýпов бýдет шáрить,
Жечь городá, и в цéрковь гнать табýн,
И мя́со бéлых брáтьев жáрить! . . .

В послéдний раз — опóмнись, стáрый мир!
На брáтский пир трудá и ми́ра,
В послéдний раз на свéтлый брáтский пир
Сзывáет вáрварская ли́ра!

1918

18

Sergei Aleksandrovich Esenin
(1895–1925)

1895	Born in Ryazan province, in the village of Konstantinovo.
1897	Goes to live with grandparents, who are Old Believers.
1904–9	Attends the village primary school.
1909–12	Studies at a church boarding school. Shows his first talent for verse.
1912	Moves to Moscow. Undertakes a variety of fairly menial jobs.
1913	Enrols as an external university student. Frequents literary groups.
1914	Publishes his first poems.
1915	Visits Petrograd (St Petersburg), where he meets Blok and the peasant poet Nikolai Klyuev (1887–1937).
1916–17	In army. Apparently deserts after February Revolution.
1917	Marries Zinaida Raikh.
1919	Imagist manifesto.
1920	By now drinking heavily and quarrelling with others including Pasternak, Mayakovsky and Klyuev.
1921	Divorces Zinaida Raikh. Writes *Pugachev*. Meets the American dancer Isadora Duncan (1878–1927).

1922	Marries Isadora Duncan. Together they visit Europe and America.
1923	Returns to Russia. By now an alcoholic, a sick and violent man. Breaks with Isadora.
1924	Completes *Moskva kabatskaya*.
1925	Completes *Anna Snegina*. Meets and marries Sofia Tolstoy, a granddaughter of Lev Tolstoy.
1925	December, hangs himself.

Further reading

McVay, Gordon, *Esenin, A Life*, Hodder and Stoughton, London, 1976.

Ponomareff, C., *Sergey Esenin*, Twayne Publishers, Boston, 1978.

Prokushev, Yuri, *Sergei Yesenin, The Man, The Verse, The Age*, trans. Kathleen Cook. Progress Publishers, Moscow, 1979.

Visson, Lynn, *Sergei Esenin: Poet of the Crossroads*, Jal-Verlag, Wurzburg, 1980.

Source

The texts are taken from Sergei Esenin: *Sobranie sochinenii v trekh tomakh*, Izdatel'stvo 'Pravda', Moscow, 1970.

«Ни́вы сжа́ты . . .»

Ни́вы сжа́ты, ро́щи го́лы,
От воды́ тума́н и сы́рость.
Колесо́м за си́ни го́ры[1]
Со́лнце ти́хое скати́лось.

Дре́млет взры́тая доро́га.
Ей сего́дня примечта́лось,[2]

20

Что совсём-совсём немно́го
Ждать зимы́ седо́й оста́лось.

Ах, и сам я в ча́ще зво́нкой[3]
Увида́л вчера́ в тума́не:
Ры́жий ме́сяц жеребёнком
Запряга́лся в на́ши са́ни.[4]

1917

«О па́шни, па́шни . . .»

О па́шни, па́шни, па́шни,
Коло́менская грусть,[1]
На се́рдце день вчера́шний,
А в се́рдце све́тит Русь.[2]

Как пти́цы, сви́щут вёрсты
Из-под копы́т коня́.
И бры́зжет со́лнце го́рстью
Свой до́ждик на меня́.

О край разли́вов гро́зных
И ти́хих ве́шних сил,
Здесь по заре́ и звёздам
Я шко́лу проходи́л.

И мы́слил и чита́л я
По би́блии ветро́в,
И пас со мной Иса́йя[3]
Мои́х златы́х[4] коро́в.

1917–1918

Хулига́н[1]

До́ждик мо́крыми мётлами чи́стит
Ивняко́вый помёт[2] по луга́м.
Плю́йся,[3] ве́тер, оха́пками ли́стьев, —
Я тако́й же, как ты, хулига́н.

Я люблю́, когда́ си́ние ча́щи,
Как с тяжёлой похо́дкой волы́,
Живота́ми, листво́й хрипя́щими,
По коле́нкам мара́ют стволы́.[4]

Вот оно́, моё ста́до ры́жее![5]
Кто ж воспе́ть его́ лу́чше мог?
Ви́жу, ви́жу, как су́мерки ли́жут
Следы́ челове́чьих ног.

Русь моя́, деревя́нная Русь![6]
Я оди́н твой певе́ц и глаша́тай.
Звери́ных стихо́в мои́х грусть
Я корми́л резедо́й[7] и мя́той.

Взбре́зжи, по́лночь, луны́ кувши́н
Зачерпну́ть молока́ берёз![8]
Сло́вно хо́чет кого́ придуши́ть
Рука́ми кресто́в пого́ст!

Бро́дит чёрная жуть по холма́м,
Зло́бу во́ра струи́т в наш сад,
То́лько сам я разбо́йник и хам
И по кро́ви степно́й конокра́д.

Кто вида́л, как в ночи́ кипи́т
Кипячёных черёмух рать?[9]
Мне бы в ночь в голубо́й степи́
Где-нибу́дь с кистенём стоя́ть.

Ах, увя́л головы́ мое́й куст,[10]
Засоса́л меня́ пе́сенный плен.
Осужде́н я на ка́торге чувств
Верте́ть жернова́ поэ́м.

Но не бо́йся, безу́мный ветр,
Плюй споко́йно листво́й по луга́м.
Не сотре́т меня́ кли́чка «поэ́т»,[11]
Я и в пе́снях, как ты, хулига́н.

1920

«Я после́дний поэ́т дере́вни . . .»

Мариенго́фу[1]

Я после́дний поэ́т дере́вни,
Скро́мен в пе́снях доща́тый мост.[2]
За проща́льной стою́ обе́дней
Кадя́щих листво́й берёз.[3]

Догори́т золоти́стым пла́менем
Из теле́сного во́ска свеча́,[4]
И луны́ часы́ деревя́нные
Прохрипя́т мой двена́дцатый час.

На тропу́ голубо́го по́ля
Ско́ро вы́йдет желе́зный гость.[5]
Злак овся́ный, заре́ю проли́тый,
Соберёт его́ чёрная горсть.

Не живы́е, чужи́е ладо́ни,
Э́тим пе́сням при вас не жить![6]
То́лько бу́дут коло́сья-ко́ни[7]
О хозя́ине ста́ром тужи́ть.

23

Бу́дет ве́тер соса́ть их ржа́нье,
Панихи́дный справля́я пляс.
Ско́ро, ско́ро часы́ деревя́нные
Прохрипя́т мой двена́дцатый час!

1920

«Не жале́ю, не зову́, не пла́чу . . .»[1]

Не жале́ю, не зову́, не пла́чу,
Все пройдёт, как с бе́лых я́блонь дым.
Увяда́нья зо́лотом охва́ченный,
Я не бу́ду бо́льше молоды́м.

Ты тепе́рь не так уж бу́дешь би́ться,
Се́рдце, тро́нутое холодко́м,
И страна́ берёзового си́тца[2]
Не зама́нит шля́ться босико́м.

Дух бродя́жий! ты всё ре́же, ре́же
Расшеве́ливаешь пла́мень уст.
О моя́ утра́ченная све́жесть,
Бу́йство глаз и полово́дье чувств.

Я тепе́рь скупе́е стал в жела́ньях,
Жизнь моя́? иль ты присни́лась мне?
Сло́вно я весе́нней гу́лкой ра́нью
Проскака́л на ро́зовом коне́.

Все мы, все мы в э́том ми́ре тле́нны,
Ти́хо льётся с кле́нов ли́стьев медь . . .
Будь же ты вове́к благослове́нно,
Что пришло́ процве́сть и умере́ть.[3]

1921

24

Русь советская

А. Сахарову[1]

Тот ураган прошёл. Нас мало уцелело.
На перекличке дружбы многих нет.
Я вновь вернулся в край осиротелый,
В котором не был восемь лет.[2]

Кого позвать мне? С кем мне поделиться
Той грустной радостью, что я остался жив?
Здесь даже мельница — бревенчатая птица
С крылом единственным — стоит, глаза смежив.[3]

Я никому здесь не знаком,
А те, что помнили, давно забыли.
И там, где был когда-то отчий дом,
Теперь лежит зола да слой дорожной пыли.

А жизнь кипит.
Вокруг меня снуют
И старые и молодые лица.
Но некому мне шляпой поклониться,
Ни в чьих глазах не нахожу приют.

И в голове моей проходят роем думы:
Что родина?
Ужели это сны?
Ведь я почти для всех здесь пилигрим угрюмый
Бог весть с какой далёкой стороны.[4]

И это я!
Я, гражданин села,[5]
Которое лишь тем и будет знаменито,
Что здесь когда-то баба родила
Российского скандального пиита.[6]

Но го́лос мы́сли се́рдцу говори́т:
«Опо́мнись! Чем же ты оби́жен?
Ведь э́то то́лько но́вый свет гори́т
Друго́го поколе́ния у хи́жин.

Уже́ ты стал немно́го отцвета́ть,
Други́е ю́ноши пою́т други́е пе́сни.
Они́, пожа́луй, бу́дут интере́сней —
Уж не село́, а вся земля́ им мать».

Ах, ро́дина! Како́й я стал смешно́й.[7]
На щёки впа́лые лети́т сухо́й румя́нец.
Язы́к согра́ждан стал мне как чужо́й,
В свое́й стране́ я сло́вно иностра́нец.

Вот ви́жу я:
Воскре́сные сельча́не[8]
У во́лости,[9] как в це́рковь, собрали́сь.
Коря́выми, немы́тыми реча́ми
Они́ свою́ обсу́живают «жись».[10]

Уж ве́чер. Жи́дкой позоло́той
Зака́т обры́згал се́рые поля́.
И но́ги бо́сые, как тёлки под воро́та,
Уткну́ли по кана́вам тополя́.[11]

Хромо́й красноарме́ец с ли́ком со́нным,
В воспомина́ниях морщи́ня лоб,
Расска́зывает ва́жно о Будённом,[12]
О том, как кра́сные отби́ли Переко́п.

«Уж мы его́ — и э́так и раз-э́так, —
Буржу́я э́нтого … кото́рого … в Крыму́ …»[13]
И клёны мо́рщатся уша́ми дли́нных ве́ток,
И ба́бы о́хают в нему́ю полутьму́.

С горы́ идёт крестья́нский комсомо́л,
И под гармо́нику, ная́ривая рья́но,[14]
Пою́т аги́тки Бе́дного Демья́на,[15]
Весёлым кри́ком оглаша́я дол.

Вот так страна́!
Како́го ж я рожна́[16]
Ора́л в стиха́х, что я с наро́дом дру́жен?
Моя́ поэ́зия здесь бо́льше не нужна́,
Да и, пожа́луй, сам я то́же здесь не ну́жен.

Ну что ж!
Прости́, родно́й прию́т.
Чем сослужи́л тебе́ — и тем уж я дово́лен.
Пуска́й меня́ сего́дня не пою́т —
Я пел тогда́, когда́ был край мой бо́лен.

Прие́млю[17] всё.
Как есть всё принима́ю.
Гото́в идти́ по вы́битым следа́м.
Отда́м всю ду́шу октябрю́ и ма́ю,[18]
Но то́лько ли́ры ми́лой не отда́м.

Я не отда́м её в чужи́е ру́ки,
Ни ма́тери, ни дру́гу, ни жене́.
Лишь то́лько мне она́ свой вверя́ла зву́ки
И пе́сни не́жные лишь то́лько пе́ла мне.

Цвети́те, ю́ные! И здорове́йте те́лом!
У вас ина́я жизнь, у вас друго́й напе́в.
А я пойду́ оди́н к неве́домым преде́лам,
Душо́й бунту́ющей наве́ки присмире́в.

Но и тогда́,
Когда́ во всей плане́те
Пройдёт вражда́ племён,

27

Исче́знет ложь и грусть, —
Я бу́ду воспева́ть
Всем существо́м в поэ́те
Шесту́ю часть земли́[19]
С назва́ньем кра́тким «Русь».

1924

Чёрный челове́к

Друг мой, друг мой,
Я о́чень и о́чень бо́лен.[1]
Сам не зна́ю, отку́да взяла́сь эта боль.
То ли[2] ве́тер свисти́т
Над пусты́м и безлю́дным по́лем,
То ль, как ро́щу в сентя́брь,
Осыпа́ет мозги́ алкого́ль.

Голова́ моя́ ма́шет уша́ми,
Как кры́льями пти́ца.
Ей на ше́е но́ги
Мая́чить бо́льше невмо́чь.[3]
Чёрный челове́к,
Чёрный, чёрный,
Чёрный челове́к
На крова́ть ко мне сади́тся,
Чёрный челове́к
Спать не даёт мне всю ночь.

Чёрный челове́к
Во́дит па́льцем по ме́рзкой кни́ге
И, гнуса́вя на́до мно́й,
Как над усо́пшим мона́х,
Чита́ет мне жизнь
Како́го-то прохво́ста и забулды́ги,

Нагоняя на дýшу тоскý и страх.
Чёрный человéк,
Чёрный, чёрный!

«Слýшай, слýшай, —
Бормóчет он мне, —
В кнúге мнóго прекрáснейших
Мы́слей и плáнов.
Э́тот человéк
Прожувáл в странé
Сáмых отвратúтельных
Громúл и шарлатáнов.

В декабрé в той странé
Снег до дья́вола чист,
И метéли завóдят
Весёлые пря́лки.
Был человéк тот авантюрúст,
Но сáмой высóкой
И лýчшей мáрки.

Был он изя́щен,
К томý ж поэ́т,
Хоть с небольшóй,
Но ухвáтистой сúлою,
И какýю-то жéнщину,
Сорокá с лúшним лет,[4]
Называ́л сквéрной дéвочкой
И своéю мúлою.

Счáстье, — говорúл он, —
Есть лóвкость умá и рук.
Все нелóвкие дýши
За несчáстных всегдá извéстны.
Э́то ничегó,
Что мнóго мук

Прино́сят изло́манные
И лжи́вые же́сты.

В гро́зы, в бу́ри,
В жите́йскую стынь,
При тяжёлых утра́тах
И когда́ тебе́ гру́стно,
Каза́ться улы́бчивым и просты́м —
Са́мое вы́сшее в ми́ре иску́сство».

«Чёрный челове́к!
Ты не сме́ешь э́того!
Ты ведь не на слу́жбе
Живёшь водола́зовой.[5]
Что мне до жи́зни
Сканда́льного поэ́та.
Пожа́луйста, други́м
Чита́й и расска́зывай».

Чёрный челове́к
Гляди́т на меня́ в упо́р.
И глаза́ покрыва́ются
Голубо́й блево́той, —
Сло́вно хо́чет сказа́ть мне,
Что я жу́лик и вор,
Так бессты́дно и на́гло
Обокра́вший кого́-то.

Друг мой, друг мой,
Я о́чень и о́чень бо́лен.
Сам не зна́ю, отку́да взяла́сь э́та боль.
То ли ве́тер свисти́т
Над пусты́м и безлю́дным по́лем,
То ль, как ро́щу в сентя́брь,
Осыпа́ет мозги́ алкого́ль.

Ночь моро́зная.
Тих поко́й перекрёстка.
Я оди́н у око́шка,
Ни го́стя, ни дру́га не жду.
Вся равни́на покры́та
Сыпу́чей и мя́гкой извёсткой,[6]
И дере́вья, как вса́дники,
Съе́хались в на́шем саду́.

Где-то пла́чет
Ночна́я злове́щая пти́ца.
Деревя́нные вса́дники
Се́ют копы́тливый стук.
Вот опя́ть э́тот чёрный
На кре́сло моё сади́тся,
Приподня́в свой цили́ндр
И отки́нув небре́жно сюрту́к.[7]

.«Слу́шай, слу́шай! —
Хрипи́т он, смотря́ мне в лицо́,
Сам всё бли́же
И бли́же кло́нится. —
Я не ви́дел, чтоб кто́-нибудь
Из подлецо́в
Так нену́жно и глу́по
Страда́л бессо́нницей.

Ах, поло́жим, оши́бся!
Ведь ны́нче луна́.
Что же ну́жно ещё
Напоённому дрёмой ми́рику?[8]
Мо́жет, с то́лстыми ля́жками
Та́йно придёт «она́»,
И ты бу́дешь чита́ть
Свою́ до́хлую то́мную ли́рику?

31

Ах, люблю́ я поэ́тов!
Заба́вный наро́д.
В них всегда́ нахожу́ я
Исто́рию, се́рдцу знако́мую, —
Как прыща́вой курси́стке[9]
Длинноволо́сый уро́д
Говори́т о мира́х,
Полово́й истека́я исто́мою.

Не зна́ю, не по́мню,
В одно́м селе́,
Мо́жет, в Калу́ге,[10]
А мо́жет, в Ряза́ни,
Жил ма́льчик
В просто́й крестья́нской семье́,
Желтоволо́сый,
С голубы́ми глаза́ми...[11]

И вот стал он взро́слым,
К тому́ ж поэ́т,
Хоть с небольшо́й
Но ухва́тистой си́лою,
И каку́ю-то же́нщину,
Сорока́ с ли́шним лет,
Называ́л скве́рной де́вочкой
И свое́ю ми́лою».

«Чёрный челове́к!
Ты прескве́рный гость.
Эта сла́ва давно́
Про тебя́ разно́сится».
Я взбешён, разъярён,
И лети́т моя́ трость
Пря́мо к мо́рде его́,
В перено́сицу...
. . . .

...Ме́сяц у́мер,
Сине́ет в око́шко рассве́т.
Ах ты, ночь!
Что ты, ночь, накове́ркала?
Я в цили́ндре стою́.
Никого́ со мной нет.
Я оди́н...
И разби́тое зе́ркало...[12]

1925

«До свида́нья, друг мой...»[1]

До свида́нья, друг мой, до свида́нья.
Ми́лый мой, ты у меня́ в груди́.
Предназна́ченное расстава́нье
Обеща́ет встре́чу впереди́.

До свида́нья, друг мой, без руки́, без сло́ва,
Не грусти́ и не печа́ль брове́й, —
В э́той жи́зни умира́ть не но́во,
Но и жить, коне́чно, не нове́й.

1925

Vladimir Vladimirovich Mayakovsky
(1893–1930)

1893	Born in Caucasus, son of impoverished nobleman.
1905	Already showing sympathy for revolutionaries.
1906	Following sudden death of father, family moves to Moscow.
1907–8	Joins Russian Social Democratic Party (Bolsheviks). First of three arrests for revolutionary activity.
1911	Enters fine art college. Meets the painter David Burlyuk (1882–1967).
1912	Co-signs the Futurist manifesto *Poshchechina obshchestvennomu vkusu*.
1913	Writes play *Vladimir Mayakovskii – tragediya*.
1914	Volunteers for military service, but as the only male in the family is exempted.
1915	*Oblako v shtanakh*. Falls in love with Lily Brik.
1916	*Fleita – pozvonochnik*.
1917	*Voina i mir* (an intentional pun, meaning here: *War and the World*).
1918	Play *Misteriya – buff*.
1922	First of several trips abroad: visits Europe.
1924	*Vladimir Il'ich Lenin*.
1925	Visits America.
1927	*Khorosho!*

1929   Plays *Klop* and *Banya*.
1930   Shoots himself.

Further reading

Briggs, Anthony, *Vladimir Mayakovsky: A Tragedy*, Meeuws, Oxford, 1979. [A readable introduction to the poet.]
Brown, Edward, *Mayakovsky: a Poet in the Revolution*, Princeton University Press, Princeton, N.J., 1973.
Muchnic, Helen, *From Gorky to Pasternak*, Methuen, London, 1963 (pp. 185–275).
Shklovsky, Viktor, *Mayakovsky and his Circle*, trans. and ed., Lily Feiler, Pluto Press, London, 1974.

Source

The texts are taken from Vladimir Mayakovskii: *Sobranie sochinenii v shesti tomakh*, Izdatel'stvo 'Pravda', Moscow, 1973.

Необыча́йное приключе́ние, бы́вшее с Влади́миром Маяко́вским ле́том на да́че

(Пу́шкино, Аку́лова гора́, да́ча Румя́нцева, 27 вёрст от Яросла́вской жел. дор.) [1]

В сто со́рок солнц зака́т пыла́л,
в ию́ль кати́лось ле́то, [2]
была́ жара́,
жара́ плыла́ —
на да́че бы́ло э́то.
Приго́рок Пу́шкино горби́л

Аку́ловой горо́ю,
а низ горы́ —
дере́вней был,
криви́лся крыш коро́ю.
А за дере́внею —
дыра́,
и в ту дыру́, наве́рно,
спуска́лось со́лнце ка́ждый раз,
ме́дленно и ве́рно.
А за́втра
сно́ва
мир зали́ть
встава́ло со́лнце а́ло.
И день за днём
ужа́сно злить
меня́
вот э́то
ста́ло.
И так одна́жды разозля́сь,
что в стра́хе всё побле́кло,
в упо́р я кри́кнул со́лнцу:
«Слазь![3]
дово́льно шля́ться в пе́кло!»[4]
Я кри́кнул со́лнцу:
«Дармое́д!
занёжен[5] в облака́ ты,
а тут — не знай ни зим, ни лет,
сиди́, рису́й плака́ты!»[6]
Я кри́кнул со́лнцу:
«Погоди́!
послу́шай, златоло́бо,[7]
чем так,
без де́ла заходи́ть,[8]
ко мне
на чай зашло́ бы!»
Что я наде́лал!

Я погиб!
Ко мне,
по доброй воле,
само,
раскинув луч-шаги,
шагает солнце в поле.
Хочу испуг не показать —
и ретируюсь[9] задом.
Уже в саду его глаза.
Уже проходит садом.
В окошки,
в двери,
в щель войдя,
валилась солнца масса,
ввалилось;
дух переведя,
заговорило басом:
«Гоню обратно я огни
впервые с сотворенья.
Ты звал меня?
Чай гони,
гони, поэт, варенье!»[10]
Слеза из глаз у самого —
жара с ума сводила,
но я ему —[11]
на самовар:
«Ну что ж,
садись, светило!»
Чёрт дёрнул дерзости мой
орать ему —[12]
сконфужен,
я сел на уголок скамьи,
боюсь — не вышло б хуже![13]
Но странная из солнца ясь[14]
струилась, —
и, степенность

забы́в,
сижу́, разговоря́сь
с свети́лом постепе́нно.
Про то́,
про э́то говорю́,
что-де́ зае́ла Ро́ста,[15]
а со́лнце:
«Ла́дно,
не горю́й,
смотри́ на ве́щи про́сто!
А мне, ты ду́маешь,
свети́ть
легко́?
— Поди́, попро́буй! —
А вот идёшь —
взяло́сь идти́,[16]
идёшь — и све́тишь в о́ба!»[17]
Болта́ли так до темноты́ —
до бы́вшей но́чи то есть.
Кака́я тьма уж тут?
На «ты»[18]
мы с ним, совсе́м освоя́сь.
И ско́ро,
дру́жбы не тая́,
бью по плечу́ его́ я.
А со́лнце то́же:
«Ты да я,
нас, това́рищ, дво́е!
Пойдём, поэ́т,
взори́м,[19]
вспоём
у ми́ра в се́ром хла́ме.
Я бу́ду со́лнце лить своё,
а ты — своё,
стиха́ми».
Стена́ тене́й,

ночéй тюрьмá
под солнц двуствóлкой пáла.[20]
Стихóв и свéта кутерьмá —
сияй во что попáло![21]
Устáнет то,
и хóчет ночь
прилéчь,
тупáя сóнница.[22]
Вдруг — я
во всю светáю мочь —[23]
и снóва день трезвóнится.
Светúть всегдá,
светúть вездé,
до дней послéдних дóнца,[24]
светúть —
и никакúх гвоздéй!
Вот лóзунг мой —
и сóлнца!

1920

Сергéю Есéнину

Вы ушлú,
            как говорúтся,
                        в мир в инóй.
Пустотá...
            Летúте,
                        в звёзды врéзываясь.
Ни тебé авáнса,
            ни пивнóй.
Трéзвость.
Нет, Есéнин,
            э́то
                        не насмéшка.

39

В го́рле

    го́ре ко́мом —

        не смешо́к.[1]

Ви́жу —

    взре́занной руко́й поме́шкав,[2]

со́бственных

    косте́й

        кача́ете мешо́к.

— Прекрати́те!

    Бро́сьте!

        Вы в своём уме́ ли?

Дать,[3]

    чтоб щёки

        залива́л

            смерте́льный мел?!

Вы ж

    тако́е

        загиба́ть уме́ли,[4]

что друго́й

    на све́те

        не уме́л.

Почему́?

    Заче́м?

        Недоуме́нье смя́ло.[5]

Кри́тики бормо́чут:

        — Э́тому вина́

то да сё...[6]

    а гла́вное,

        что смы́чки ма́ло,[7]

в результа́те

    мно́го пи́ва и вина́. —

Де́скать,

    замени́ть бы вам

        боге́му

            кла́ссом,[8]

класс влиял на вас,

                и было б не до драк.

Ну, а класс-то

          жажду

                заливает квасом?[9]

Класс — он тоже

              выпить не дурак.[10]

Дескать,

      к вам приставить бы

                  кого из напостов —[11]

стали б

      содержанием

               премного одарённей.

Вы бы

      в день

         писали

             строк по сто,

утомительно

         и длинно,

               как Доронин.[12]

А по-моему,

         осуществись

               такая бредь,

на себя бы

         раньше наложили руки.

Лучше уж

        от водки умереть,

чем от скуки!

Не откроют

         нам

            причин потери

ни петля,[13]

         ни ножик перочинный.

Может,

      окажись

            чернила в «Англетере»,

ве́ны
    ре́зать
        не́ было б причи́ны.
Подража́тели обра́довались:
                    бис!
Над собо́ю
    чуть не взвод
        распра́ву учини́л.
Почему́ же
    увели́чивать
        число́ самоуби́йств?
Лу́чше
    увели́чь
        изготовле́ние черни́л!
Навсегда́
    тепе́рь
        язы́к
            в зуба́х затво́рится.
Тяжело́
    и неуме́стно
        разводи́ть мисте́рии.
У наро́да,
    у языкотво́рца,
у́мер
    зво́нкий
        забулды́га подмасте́рье.
И несу́т
    стихо́в заупоко́йный лом,
с про́шлых
    с похоро́н
        не переде́лавши почти́.
В холм
    тупы́е ри́фмы
        загоня́ть коло́м —

ра́зве так

        поэ́та

             на́до бы почти́ть?

Вам

    и па́мятник ещё не слит, —

где он,

         бро́нзы звон

                и́ли грани́та грань? —

а к решёткам па́мяти

                 уже́

                     понанесли́

посвяще́ний

           и воспомина́ний дрянь.

Ва́ше и́мя

        в плато́чки рассо́плено,

ва́ше сло́во

           слюня́вит Со́бинов[14]

и выво́дит

         под берёзкой до́хлой —

«Ни сло́ва, о дру́-уг мой,

               ни вздо́-о-о-о-ха».

Эх,

    поговори́ть бы и́наче

с э́тим са́мым

          с Леони́дом Лоэнгри́нычем!

Встать бы здесь

             гремя́щим скандали́стом:

— Не позво́лю

        мя́млить стих

             и мять! —

Оглуши́ть бы

        их

           трёхпа́лым сви́стом

в ба́бушку

        и в бо́га ду́шу мать![15]

Чтóбы разнеслáсь

                бездáрнейшая пóгань,

раздувáя

        темь

              пиджáчных парусóв,

чтóбы

        врассыпнýю

              разбежáлся Кóган,[16]

встрéченных

        увéча

              пиками усóв.

Дрянь

        покá что

              мáло поредéла.

Дéла мнóго —

              тóлько поспевáть.

Нáдо

        жизнь

              сначáла передéлать.

  Передéлав —

              мóжно воспевáть.

Это врéмя —

              трудновáто для перá,

но скажúте

        вы,

            калéки и калéкши,

где,

    когдá,

        какóй велúкий выбирáл

путь,

    чтóбы протóптанней

              и лéгше?

Слóво —

    полковóдец

        человéчьей сúлы.

Марш!

    Чтоб вре́мя

        сза́ди

            я́драми рвало́сь.

К ста́рым дням

      чтоб ве́тром

             относи́ло

то́лько пу́таницу воло́с.

Для весе́лия

      плане́та на́ша

            ма́ло обору́дована.

На́до

    вы́рвать

       ра́дость

          у гряду́щих дней.

В э́той жи́зни

      помере́ть

         не тру́дно.

Сде́лать жизнь

      значи́тельно трудне́й.[17]

                1926

Во весь го́лос

Пе́рвое вступле́ние в поэ́му[1]

Уважа́емые

      това́рищи пото́мки!

Ро́ясь

    в сего́дняшнем

          окамене́вшем г. . .,[2]

на́ших дней изуча́я потёмки,

вы,

    возмо́жно,

        спро́сите и обо мне́.

И, возможно, скажет
                                ваш учёный,
кроя эрудицией
                                вопросов рой,
что жил-де[3] такой
                                певец кипячёной
и ярый враг воды сырой.[4]
Профессор,
                сними́те очки-велосипе́д!
Я сам расскажу́
                        о вре́мени
                                        и о себе́.
Я, ассениза́тор
                        и водово́з,
револю́цией
                        мобилизо́ванный и при́званный,
ушёл на фронт
                        из ба́рских садово́дств
поэ́зии —
                        ба́бы капри́зной.
Засади́ла са́дик[5] ми́ло,
до́чка,
                да́чка,
                                водь
                                        и гладь —
сама́ са́дик я сади́ла,
сама́ бу́ду полива́ть.
Кто стиха́ми льёт из ле́йки,
кто кропи́т,
                        набра́вши в рот —
кудрева́тые Митре́йки,
                                мудрева́тые Кудре́йки —[6]
кто их к чёрту разберёт!
Нет на про́рву каранти́на —[7]
мандоли́нят[8] из-под стен:
«Тара-ти́на, тара-ти́на,

46

т-эн-н. . .»[9]
Неважная честь,

               чтоб из этаких роз
мои изваяния высились
по скверам,

            где харкает туберкулёз,
где б. . .[10] с хулиганом

                  да сифилис.
И мне

     агитпроп

           в зубах навяз,
и мне бы

       строчить

           романсы на вас —
доходней оно

        и прелестней.
Но я

    себя

       смирял,

          становясь
на горло

       собственной песне.
Слушайте,

       товарищи потомки,
агитатора,

       горлана-главаря.
Заглуша

      поэзии потоки,
я шагну

      через лирические томики,
как живой

       с живыми говоря.
Я к вам приду

         в коммунистическое далеко
не так,

      как песенно-есененный провитязь.[11]

Мой стих дойдёт
                  че́рез хребты́ веко́в
и че́рез го́ловы
                  поэ́тов и прави́тельств.
Мой стих дойдёт,
                  но он дойдёт не так, —
не как стрела́
                  в аму́рно-ли́ровой охо́те,[12]
не как дохо́дит
                  к нумизма́ту стёршийся пята́к
и не как свет уме́рших звёзд дохо́дит.
Мой стих
        трудо́м
              грома́ду лет прорвёт
и я́вится
        весо́мо,
              гру́бо,
                    зри́мо,
как в на́ши дни
              вошёл водопрово́д,
срабо́танный
              ещё раба́ми Ри́ма.
В курга́нах книг,
                  похорони́вших стих,
желе́зки строк случа́йно обнару́живая,
вы
  с уваже́нием
              ощу́пывайте их,
как ста́рое,
              но гро́зное ору́жие.
Я
  у́хо
      сло́вом
              не привы́к ласка́ть;
ушку́ деви́ческому
                  в завито́чках волоска́

48

с полупохабщины

            не разалéться трóнуту.[13]

Парáдом развернýв

           моúх страниц войскá,

я прохожý

         по стрóчечному фрóнту.

Стихú стоя́т

        свинцóво-тяжелó,

готóвые и к смéрти

           и к бессмéртной слáве.

Поэмы зáмерли,

           к жерлý прижáв жерлó

нацéленных

        зия́ющих заглáвий.

Орýжия

     любúмейшего

            род,

готóвая

     рванýться в гúке,[14]

застыла

     кавалéрия острóт,

подня́вши рифм

        отточенные пúки.

И все

     повéрх зубóв вооружённые войскá,

что двáдцать лет в побéдах

           пролетáли,

до сáмого

     послéднего листкá

я отдаю́ тебé,

        планéты пролетáрий.

Рабóчего

     громáды клáсса враг —

он враг и мóй,

        отъя́вленный и дáвний.

Веле́ли нам
        идти́
            под кра́сный фла́г
года́ труда́
       и дни недоеда́ний.
Мы открыва́ли
         Ма́ркса
             ка́ждый том,
как в до́ме
        со́бственном
              мы открыва́ем ста́вни,
но и без чте́ния
          мы разбира́лись в том,
в како́м идти́,
         в како́м сража́ться ста́не.
Мы
    диале́ктику
          учи́ли не по Ге́гелю.[15]
Бряца́нием боёв
           она́ врыва́лась в стих,
когда́
     под пу́лями
          от нас буржу́и бе́гали,
как мы
     когда́-то
        бе́гали от них.
Пуска́й
    за ге́ниями
          безуте́шною вдово́й
плетётся сла́ва
       в похоро́нном ма́рше —
умри́, мой стих,
      умри́, как рядово́й,
как безымя́нные
        на шту́рмах мёрли на́ши!

Мне наплевать[16]

        на брóнзы многопýдье,

мне наплевáть

        на мрáморную слизь.

Сочтёмся слáвою —

        ведь мы свои́ же лю́ди, —

пускáй нам

      óбщим пáмятником бýдет

пострóенный

      в боя́х

        социали́зм.

Потóмки,

      словарéй провéрьте поплавки́:

из Лéты[17]

      вы́плывут

        остáтки слов таки́х,

как «проститýция»,

        «туберкулёз»,

          «блокáда».[18]

Для вас,

     котóрые

        здорóвы и ловки́,

поэ́т

    вылúзывал

        чахóткины плевки́

шершáвым языкóм плакáта.[19]

С хвостóм годóв

        я становлю́сь подóбием

чудóвищ

      ископáемо-хвостáтых.[20]

Товáрищ жизнь,

     давáй

        быстрéй протóпаем,

протóпаем

     по пятилéтке[21]

        дней остáток.

Мне
     и рубля́
          не накопи́ли стро́чки,
краснодере́вщики[22]
               не сла́ли ме́бель на́ дом.
И кро́ме
       свежевы́мытой соро́чки,
скажу́ по со́вести,
            мне ничего́ не на́до.
Яви́вшись
       в Це Ка Ка[23]
            иду́щих
               све́тлых лет,
над ба́ндой
       поэти́ческих
            рвачей и вы́жиг
я подыму́,
       как большеви́стский партбиле́т,[24]
все сто томо́в
       мои́х
         парти́йных кни́жек.

1929–30

Boris Leonidovich Pasternak
(1890–1960)

1890	Born in Moscow into an intellectual family: mother a concert pianist, father a painter.
1903	Meets the composer Scriabin (1872–1915). Leg injury which later debars him from military service.
1909	Enters Law Faculty of Moscow University but soon transfers to Philosophy.
1910	With his father, visits Tolstoy on his deathbed.
1913	Graduates from Moscow University.
1914	Meets Mayakovsky. Collection of poems *Bliznets v tuchakh*.
1922	Marries Evgeniya Lurie. Publishes verse collection *Sestra moya – zhizn'*.
1923	Son Evgeny born. Collection *Temy i variatsii* published in Berlin.
1931	Separates from wife.
1934	Marries Zinaida Neigauz. Addresses First Congress of Soviet Writers.
1936	Settles at the writers' colony in Peredelkino just outside Moscow.
1943	Collection *Na rannikh poezdakh*.
1946	Meets Olga Ivinskaya, the model for Lara in *Doktor*

Zhivago. (She was imprisoned 1949–53, and again after Pasternak's death 1960–4.)

1954   Some poems from *Doktor Zhivago* published.

1956   Soviet journal *Novyi mir* refuses to publish *Doktor Zhivago*.

1957   *Doktor Zhivago* published in Italy.

1958   Awarded Nobel Prize for literature, which he is compelled to renounce.

1960   Death. No details published of funeral arrangements but some two thousand people attend.

1988   Publication of *Doktor Zhivago* in *Novyi mir*.

Further reading

Davie, Donald and Livingstone, Angela, *Pasternak*, Macmillan, London, 1969. [An excellent collection of essays by Russian and Western critics.]

Gifford, Henry, *Pasternak – a Critical Study*, Cambridge University Press, 1977. [A most erudite critical study of Pasternak as writer and translator.]

Hingley, Ronald, *Pasternak – A Biography*, Knopf, New York, 1983.

Source

The texts are taken from Boris Pasternak: *Izbrannoe v dvukh tomakh*, Izdatel'stvo 'Khudozhestvennaya literatura', Moscow, 1985.

«Сестра́ моя́ — жизнь . . .»[1]

Сестра́ моя́ — жизнь и сего́дня в разли́ве
Расши́блась весе́нним дождём обо все́х,
Но лю́ди в брело́ках[2] высо́ко брюзгли́вы
И ве́жливо жа́лят, как зме́и в овсе́.

У ста́рших на э́то свои́ есть резо́ны.
Бесспо́рно, бесспо́рно смешо́н твой резо́н,
Что в гро́зу[3] лило́вы глаза́ и газо́ны
И па́хнет сыро́й резедо́й[4] горизо́нт.

Что в ма́е, когда́ поездо́в расписа́нье,
Камы́шинской ве́ткой[5] чита́ешь в купе́,
Оно́ грандио́зней свято́го писа́нья
И чёрных от пы́ли и бурь канапе́.

Что то́лько нарвётся, разла́явшись, то́рмоз
На ми́рных сельча́н в захолу́стном вине́,
С матра́цев глядя́т, не моя́ ли платфо́рма,
И со́лнце, садя́сь, соболе́знует мне.

И в тре́тий плесну́в, уплыва́ет звоно́чек[6]
Сплошны́м извине́ньем: жале́ю, не зде́сь.
Под што́рку несёт обгора́ющей но́чью
И ру́шится степь со ступе́нек к звезде́.

Мига́я, морга́я, но спят где-то сла́дко,
И фа́та-морга́ной[7] люби́мая спит
Тем ча́сом, как се́рдце, плеща́ по площа́дкам,
Ваго́нными две́рцами сы́плет в степи́.

1917–1919

На ра́нних поезда́х[1]

Я под Москво́ю э́ту зи́му,
Но в сту́жу, снег и бурева́л
Всегда́, когда́ необходи́мо,
По де́лу в го́роде быва́л.

Я выходи́л в тако́е вре́мя,
Когда́ на у́лице ни зги,
И рассыпа́л лесно́ю те́мью
Свои́ скрипу́чие шаги́.

Навстре́чу мне на перее́зде
Встава́ли вётлы пустыря́.
Надми́рно вы́сились созве́здья
В холо́дной я́ме января́.

Обыкнове́нно у задво́рок
Меня́ стара́лся перегна́ть
Почто́вый и́ли но́мер со́рок,
А я шёл на шесть два́дцать пять.[2]

Вдруг све́та хи́трые морщи́ны
Сбира́лись шу́пальцами в круг.
Проже́ктор нёсся всей махи́ной
На оглу́шенный виаду́к.

В горя́чей духоте́ ваго́на
Я отдава́лся целико́м
Поры́ву сла́бости врождённой
И всо́санному с молоко́м.

Сквозь про́шлого перипети́и
И го́ды войн и нищеты́
Я мо́лча узнава́л Росси́и
Неповтори́мые черты́.

Превозмогая обожанье,
Я наблюдал, боготворя.
Здесь были бабы, слобожане,
Учащиеся, слесаря.

В них не было следов холопства,
Которые кладёт нужда,
И новости и неудобства
Они несли как господа.

Рассевшись кучей, как в повозке,
Во всем разнообразьи поз,
Читали дети и подростки,
Как заведённые, взасос.

Москва встречала нас во мраке,
Переходившем в серебро,
И, покидая свет двоякий,
Мы выходили из метро.

Потомство тискалось к перилам
И обдавало на ходу
Черёмуховым свежим мылом
И пряниками на меду.

1941

Старый парк[1]

Мальчик маленький в кроватке,
Бури озверелый рёв.
Каркающих стай девятки
Разлетаются с дерёв.[2]

Ра́неному врач в хала́те
Промыва́л вчера́шний шов.
Вдруг больно́й узна́л в пала́те
Дру́га де́тства, дом отцо́в.

Вновь он в э́том ста́ром па́рке.
Заморо́зки по утра́м,
И когда́ кладу́т припа́рки,
Пла́чут стёкла пе́рвых рам.[3]

Го́лос ны́нешнего ве́ка
И виде́нья той поры́
Ужива́ются с опе́кой
Терпели́вой медсестры́.

По пала́те хо́дят лю́ди.
Слы́шно хло́панье двере́й.
Глу́хо у́хают ору́дья
Заозёрных батаре́й.[4]

Со́лнце ни́зкое сади́тся.
Вот оно́ в зато́н впило́сь
И отту́да дли́нной спи́цей
Протыка́ет даль наскво́зь.

И мину́ты две отту́да
В вы́боины на дворе́
Лью́тся во́лны изумру́да,
Как в волше́бном фонаре́.

Зве́рской бо́ли кре́пнут схва́тки,
Кре́пнет ве́тер, озвере́в,
И летя́т граче́й девя́тки,
Чёрные девя́тки треф.

Вихрь качает ли́пы, скрю́чив,
Бу́ря гнёт их на корню́,
И больно́й под сто́ны су́чьев
Забыва́ет про ступню́.

Парк преда́ньями соста́рен.
Здесь стоя́л Наполео́н[5]
И славянофи́л Сама́рин[6]
Послужи́л и погребён.

Здесь пото́мок декабри́ста,
Пра́внук ру́сских герои́нь,
Бил воро́н из монтекри́сто
И одолева́л латы́нь.[7]

Если то́лько хва́тит си́лы,
Он, как дед, энтузиа́ст,
Пра́деда-славянофи́ла
Пересмо́трит и изда́ст.

Сам же он напи́шет пье́су,
Вдохновлённую войно́й, —
Под немо́лчный ро́пот ле́са,
Лёжа, ду́мает больно́й.

Там он жи́зни небыва́лой
Невообрази́мый ход
Языко́м провинциа́ла
В строй и я́сность приведёт.

1941

Гамлет[1]

Гул затих. Я вышел на подмостки.
Прислонясь к дверному косяку,
Я ловлю в далёком отголоске,
Что случится на моём веку.

На меня наставлен сумрак ночи
Тысячью биноклей на оси.
Если только можно, авва отче,[2]
Чашу эту мимо пронеси.

Я люблю твой замысел упрямый
И играть согласен эту роль.
Но сейчас идёт другая драма,
И на этот раз меня уволь.

Но продуман распорядок действий,
И неотвратим конец пути.
Я один, всё тонет в фарисействе.[3]
Жизнь прожить — не поле перейти.[4]

1946

Март[1]

Солнце греет до седьмого пота,[2]
И бушует, одурев, овраг.
Как у дюжей скотницы работа,
Дело у весны кипит в руках.

Чахнет снег и болен малокровьем
В веточках бессильно синих жил.
Но дымится жизнь в хлеву коровьем.
И здоровьем пышут зубья вил.[3]

Эти нóчи, эти дни и нóчи!
Дробь капéлей к середúне дня,
Крóвельных сосýлек худосóчье,
Ручейкóв бессóнных болтовня́!

Нáстежь всё, конюшня и корóвник.
Гóлуби в снегý клюют овёс,
И всегó живúтель и винóвник, —
Пáхнет свéжим вóздухом навóз.

1946

На Страстнóй[1]

Ещё кругóм ночнáя мглá.
Ещё так рáно в мúре,
Что звёздам в нéбе нет числá,
И кáждая, как день, светлá,
И éсли бы земля́ моглá,
Онá бы Пáсху проспалá
Под чтéние псалтыри.

Ещё кругóм ночнáя мглá.
Такáя рань на свéте,
Что плóщадь вéчностью леглá
От перекрёстка до углá,
И до рассвéта и теплá
Ещё тысячелéтье.

Ещё земля́ голым-голá,[2]
И ей ночáми нé в чем
Раскáчивать колоколá
И втóрить с вóли пéвчим.

61

И со Страстно́го четверга́
Вплоть до Страстно́й суббо́ты
Вода́ бура́вит берега́
И вьёт водоворо́ты.

И лес разде́т и непокры́т,
И на Страстя́х Христо́вых,[3]
Как строй моля́щихся, стои́т
Толпо́й стволо́в сосно́вых.

А в го́роде, на небольшо́м
Простра́нстве, как на схо́дке,
Дере́вья смо́трят нагишо́м
В церко́вные решётки.

И взгляд их у́жасом объя́т.
Поня́тна их трево́га.
Сады́ выхо́дят из огра́д,
Коле́блется земли́ укла́д:
Они́ хоро́нят бо́га.

И ви́дят свет у ца́рских врат,[4]
И чёрный плат, и све́чек ряд,
Запла́канные ли́ца —
И вдруг навстре́чу кре́стный ход
Выхо́дит с плащани́цей,
И две берёзы у воро́т
Должны́ посторони́ться.

И ше́ствие обхо́дит двор
По кра́ю тротуа́ра,
И вно́сит с у́лицы в притво́р
Весну́, весе́нний разгово́р,
И во́здух с при́вкусом просфо́р
И ве́шнего уга́ра.

И март разбра́сывает снег
На па́перти толпе́ кале́к,
Как бу́дто вы́шел челове́к,
И вы́нес, и откры́л ковче́г,
И всё до ни́тки ро́здал.[5]

И пе́нье дли́тся до зари́,
И, нарыда́вшись вдо́сталь,
Дохо́дят ти́ше изнутри́
На пустыри́ под фонари́
Псалты́рь и́ли апо́стол.[6]

Но в по́лночь смо́лкнут тварь и плоть,
Заслы́шав слух весе́нний,
Что то́лько-то́лько распого́дь[7] —
Смерть мо́жно бу́дет поборо́ть
Уси́льем воскресе́нья.

1946

Зи́мняя ночь[1]

Мело́, мело́ по всей земле́
Во все преде́лы.
Свеча́ горе́ла на столе́,
Свеча́ горе́ла.

Как ле́том ро́ем мошкара́
Лети́т на пла́мя,
Слета́лись хло́пья со двора́
К око́нной ра́ме.

Мете́ль лепи́ла на стекле́
Кружки́ и стре́лы.
Свеча́ горе́ла на столе́,
Свеча́ горе́ла.

На озарённый потолóк
Ложи́лись те́ни,
Скреще́нья рук, скреще́нья ног,
Судьбы́ скреще́нья.[2]

И па́дали два башмачка́
Со сту́ком на́ пол,
И воск слеза́ми с ночника́
На пла́тье ка́пал.

И всё теря́лось в снéжной мгле,
Седóй и бéлой.
Свеча́ горéла на столé,
Свеча́ горéла.

На свéчку ду́ло из угла́,
И жар собла́зна
Вздыма́л, как а́нгел, два крыла́
Крестообра́зно.

Мелó весь мéсяц в февралé,
И то и дéло
Свеча́ горéла на столé,
Свеча́ горéла.

1946

Когда́ разгуля́ется[1]

Большóе óзеро как блю́до.
За ним — скоплéнье облакóв,
Нагромождённых бéлой гру́дой
Суро́вых гóрных ледникóв.

По мéре смéны освещéнья
И лес меня́ет колори́т.

То весь горит, то чёрной тенью
Насевшей копоти покрыт.

Когда в исходе дней дождливых
Меж туч проглянет синева,
Как небо празднично в прорывах,
Как торжества полна трава!

Стихает ветер, даль расчистив.
Разлито солнце по земле.
Просвечивает зелень листьев,
Как живопись в цветном стекле.

В церковной росписи оконниц
Так в вечность смотрят изнутри
В мерцающих венцах бессонниц
Святые, схимники,[2] цари.

Как будто внутренность собора —
Простор земли, и чрез окно
Далёкий отголосок хора
Мне слышать иногда дано.

Природа, мир, тайник вселенной,
Я службу долгую твою,
Объятый дрожью сокровенной,
В слезах от счастья отстою.

1956

«Быть знаменитым некрасиво . . .»[1]

Быть знаменитым некрасиво.
Не это подымает ввысь.
Не надо заводить архива,
Над рукописями трястись.

Цель твóрчества — самоотдáча,
А не шумúха, не успéх,
Позóрно, ничегó не знáча,
Быть прúтчей на устáх у всех.

Но нáдо жить без самозвáнства,
Так жить, чтóбы в концé концóв
Привлéчь к себé любóвь прострáнства,
Услы́шать бýдущего зов.

И нáдо оставля́ть пробéлы
В судьбé, а не средú бумáг,
Местá и глáвы жúзни цéлой
Отчёркивая на поля́х.[2]

И окунáться в неизвéстность,
И пря́тать в ней свои шагú,
Как пря́чется в тумáне мéстность,
Когдá в ней не видáть ни згú.

Другúе по живóму слéду
Пройдýт твой путь за пя́дью пя́дь,[3]
Но поражéнья от побéды
Ты сам не дóлжен отличáть.

И дóлжен ни единой дóлькой[4]
Не отступáться от лицá,
Но быть живы́м, живы́м и тóлько,
Живы́м и тóлько до концá.

1956

Anna Andreevna Akhmatova
(pseudonym of Anna Andreevna Gorenko)
(1889–1966)

1889 Born near Odessa.

1899 Starts school in Tsarskoe Selo.

1903 Meets Nikolai Gumilev.

1910 Marries Gumilev. The couple travel to Europe.

1912 First collection, *Vecher*. Second trip to Europe (Switzerland, France and Italy). Birth of son.

1913 Now settled in St Petersburg, frequents the Stray Dog nightclub, a favourite haunt of leading poets of the day.

1914 *Chetki*. During war years continues to write, becomes estranged from husband.

1917 *Belaya staya*.

1918 Divorce. Marries Vladimir Shileiko, an assyriologist and poet.

1921 Gumilev shot by Bolsheviks for alleged conspiracy.

1922 *Anno Domini MCMXXI*.

1928 Divorces Shileiko; never legalizes her common-law status with the art critic Nikolai Punin. From late 1920s to 1941 ostracized by officialdom.

1935 Her son and Punin both arrested briefly.

1938 Her son re-arrested, later released to fight in war.

1941 Addresses the Soviet people on radio. Evacuated to Tashkent.

1944 Returns to Moscow.
1946 Expelled from Writers' Union.
1949 Punin and her son arrested yet again.
1950 Publishes poems in praise of Stalin to save her son's life.
1956 Partial rehabilitation.
1964 Visits Italy to receive Etna-Taormina poetry prize.
1965 Trip to England to receive honorary doctorate from Oxford University.
1966 Dies.
1987 Full text of *Rekviem* published in Soviet Union.

Further reading

Haight, Amanda, *Akhmatova: A Poetic Pilgrimage*, Oxford University Press, 1976. [Stronger on biography than literary analysis.]

Kunitz, Stanley (with Max Hayward), *Poems of Anna Akhmatova*, Collins Harvill, London, 1974. [A bilingual edition with a long introduction. Includes *Rekviem*, *V sorokovom godu* and *Muzhestvo*.]

Leiter, Sharon, *Akhmatova's Petersburg*, University of Pennsylvania, Philadelphia, 1983.

Rosslyn, Wendy, *The Prince, the Fool and the Nunnery*, Avebury, Amersham, 1984.

Sources

The text of *Rekviem* is taken from *Oktyabr'*, 1987, No. 3, pp. 130–5. The other texts are taken from Anna Akhmatova: *Stikhotvoreniya i poemy*, Izdatel'stvo 'Sovetskii pisatel'', Leningrad, 1976.

Творчество[1]

Быва́ет так: кака́я-то исто́ма;
В уша́х не умолка́ет бой часо́в;
Вдали́ раска́т стиха́ющего гро́ма.
Неу́знанных и пле́нных голосо́в
Мне чу́дятся и жа́лобы и сто́ны,
Сужа́ется како́й-то та́йный круг,
Но в э́той бе́здне шёпотов и зво́нов
Встаёт оди́н, всё победи́вший звук.
Так вкруг него́ непоправи́мо ти́хо,
Что слы́шно, как в лесу́ растёт трава́,
Как по земле́ идёт с кото́мкой ли́хо...
Но вот уже́ послы́шались слова́
И лёгких рифм сигна́льные звоно́чки, —
Тогда́ я начина́ю понима́ть,
И про́сто продикто́ванные стро́чки
Ложа́тся в белосне́жную тетра́дь.

1936

В сороково́м году́[1]

1

Когда́ погреба́ют эпо́ху,
Надгро́бный псало́м не звучи́т,
Крапи́ве, чертополо́ху
Укра́сить её предстои́т.
И то́лько моги́льщики ли́хо
Рабо́тают. Де́ло не ждёт!
И ти́хо, так, го́споди, ти́хо,
Что слы́шно, как вре́мя идёт.
А по́сле она́ выплыва́ет,

Как труп на весе́нней реке́, —
Но ма́тери сын не узна́ет,
И внук отвернётся в тоске́.
И кло́нятся го́ловы ни́же,
Как ма́ятник, хо́дит луна́.

Так вот — над поги́бшим Пари́жем
Така́я тепе́рь тишина́.

2
Ло́ндонцам

Два́дцать четвёртую дра́му Шекспи́ра[2]
Пи́шет вре́мя бесстра́стной руко́й.
Са́ми уча́стники гро́зного пи́ра,
Лучше мы Га́млета, Це́заря, Ли́ра
Бу́дем чита́ть над свинцо́вой реко́й;
Лу́чше сего́дня голу́бку Джулье́тту
С пе́ньем и фа́келом в гроб провожа́ть,
Лу́чше загля́дывать в о́кна к Макбе́ту,
Вме́сте с наёмным уби́йцей дрожа́ть, —
То́лько не э́ту, не э́ту, не э́ту,
Э́ту уже́ мы не в си́лах чита́ть!

3
Тень

Что зна́ет же́нщина одна́
о сме́ртном ча́се?
О. Мандельшта́м

Всегда́ наря́дней всех, всех розове́й и вы́ше,
Заче́м всплыва́ешь ты со дна поги́бших лет
И па́мять хи́щная передо мной колы́шет

Прозра́чный про́филь твой за стёклами каре́т?
Как спо́рили тогда́ — ты а́нгел и́ли пти́ца!
Соло́минкой тебя́ назва́л поэ́т.[3]
Равно́ на всех сквозь чёрные ресни́цы
Дарья́льских глаз[4] струи́лся не́жный свет.
О тень! Прости́ меня́, но я́сная пого́да,
Флобе́р,[5] бессо́нница и по́здняя сире́нь
Тебя́ — краса́вицу трина́дцатого го́да —[6]
И твой безо́блачный и равноду́шный день
Напо́мнили... А мне тако́го ро́да
Воспомина́нья не к лицу́. О тень!

4

Уж я ль не зна́ла бессо́нницы
Все про́пасти и тропы́,
Но э́та как то́пот ко́нницы
Под вой одича́лой трубы́.
Вхожу́ в дома́ опусте́лые,[7]
В неда́вний че́й-то ую́т.
Всё ти́хо, лишь те́ни бе́лые
В чужи́х зеркала́х плыву́т.
И что там в тума́не — Да́ния,
Норма́ндия или тут
Сама́ я быва́ла ра́нее,
И э́то — переизда́ние
Наве́к забы́тых мину́т?

5

Но я предупрежда́ю вас,
Что я живу́ в после́дний раз.
Ни ла́сточкой, ни клёном,
Ни тростнико́м и ни звездо́й,

Ни родниковою водой,
Ни колокольным звоном —
Не буду я людей смущать
И сны чужие навещать
Неутолённым стоном.

1940

Мужество

Мы знаем, что ныне лежит на весах
И что совершается ныне.
Час мужества пробил на наших часах,
И мужество нас не покинет.
Не страшно под пулями мёртвыми лечь,
Не горько остаться без крова, —
И мы сохраним тебя, русская речь,
Великое русское слово.
Свободным и чистым тебя пронесём,
И внукам дадим, и от плена спасём
        Навеки!

1942

Реквием

Вместо предисловия

В страшные годы ежовщины[1] я провела семнадцать месяцев в тюремных очередях.[2] Как-то раз кто-то «опознал» меня. Тогда стоящая за мной женщина с голубыми губами, которая, конечно, никогда не слыхала моего имени, очнулась от свойственного нам всем оцепенения и спросила меня на ухо (там все говорили шёпотом):

— А э́то вы мо́жете описа́ть?
И я сказа́ла:
— Могу́.
Тогда́ что́-то вро́де улы́бки скользну́ло по тому́, что
не́когда бы́ло её лицо́м.

1 апре́ля 1957 го́да.
Ленингра́д

Нет, и не под чу́ждым небосво́дом,
И не под защи́той чу́ждых крыл, —
Я была́ тогда́ с мои́м наро́дом,
Там, где мой наро́д, к несча́стью, был.[3]

1961

Посвяще́ние

Пе́ред э́тим го́рем гну́тся го́ры,
Не течёт вели́кая река́,
Но крепки́ тюре́мные затво́ры,
А за ни́ми «ка́торжные но́ры»
И смерте́льная тоска́.
Для кого́-то ве́ет ве́тер све́жий,
Для кого́-то не́жится зака́т —
Мы не зна́ем, мы повсю́ду те же,
Слы́шим лишь ключе́й посты́лый скре́жет
Да шаги́ тяжёлые солда́т.
Подыма́лись как к обе́дне ра́нней,
По столи́це одича́лой шли,
Там встреча́лись, мёртвых бездыха́нней,
Со́лнце ни́же, и Нева́[4] тума́нней,
А наде́жда всё поёт вдали́.
Пригово́р... И сра́зу слёзы хлы́нут,
Ото все́х уже́ отдалена́,
Сло́вно с бо́лью жизнь из се́рдца вы́нут,

Словно грубо навзничь опрокинут,
Но идёт... Шатается... Одна.
Где теперь невольные подруги
Двух моих осатанелых лет?
Что им чудится в сибирской вьюге,
Что мерещится им в лунном круге?
Им я шлю прощальный мой привет.

Март 1940

Вступление

Это было, когда улыбался
Только мёртвый, спокойствию рад.
И ненужным привеском болтался
Возле тюрем своих Ленинград.
И когда, обезумев от муки,
Шли уже осуждённых полки,
И короткую песню разлуки
Паровозные пели гудки.
Звёзды смерти стояли над нами,
И безвинная корчилась Русь[5]
Под кровавыми сапогами
И под шинами чёрных марусь.

Уводили тебя на рассвете,[6]
За тобой, как на выносе[7] шла,
В тесной горнице плакали дети,
У божницы свеча оплыла.[8]
На губах твоих холод иконки,
Смертный пот на челе... Не забыть! —
Буду я, как стрелецкие жёнки,[9]
Под кремлёвскими башнями выть.

1935. Осень. Москва

Ти́хо льётся ти́хий Дон,
Жёлтый ме́сяц вхо́дит в дом,

Вхо́дит в ша́пке набекре́нь.
Ви́дит жёлтый ме́сяц тень.

Э́та же́нщина больна́,
Э́та же́нщина одна́,

Муж в моги́ле, сын в тюрьме́,[10]
Помоли́тесъ обо мне́.

Нет, э́то не я, э́то кто́-то друго́й страда́ет.
Я бы так не могла́, а то, что случи́лось,
Пусть чёрные су́кна покро́ют,
И пусть унесу́т фонари́. . .
                Ночь.

Показа́ть бы тебе́, насме́шнице[11]
И люби́мице всех друзе́й,
Царскосе́льской весёлой гре́шнице,
Что случи́тся с жи́знью твое́й —
Как трёхсо́тая, с переда́чею,
Под Креста́ми[12] бу́дешь стоя́ть
И свое́й слезо́ю горя́чею
Нового́дний лёд прожига́ть.
Как тюре́мный то́поль кача́ется,
И ни зву́ка — а ско́лько там
Непови́нных жи́зней конча́ется. . .

                        1938

Семна́дцать ме́сяцев кричу́,
Зову́ тебя́ домо́й,
Кида́лась в но́ги палачу́,[13]
Ты сын и у́жас мой.[14]
Всё перепу́талось наве́к,

И мне не разобра́ть
Тепе́рь, кто зверь, кто челове́к
И до́лго ль ка́зни ждать.
И то́лько пы́шные цветы́,
И звон кади́льный, и следы́
Куда́-то в никуда́.
И пря́мо мне в глаза́ гляди́т
И ско́рой ги́белью грози́т
Огро́мная звезда́.

1939

Лёгкие летя́т неде́ли.
Что случи́лось, не пойму́,
Как тебе́, сыно́к, в тюрьму́
Но́чи бе́лые[15] гляде́ли,
Как они́ опя́ть глядя́т
Ястреби́ным жа́рким о́ком.
О твоём кресте́ высо́ком[16]
И о сме́рти говоря́т.

1939. Весна́

Приговор

И упа́ло ка́менное сло́во
На мою́ ещё живу́ю грудь.
Ничего́, ведь я была́ гото́ва,
Спра́влюсь с э́тим как-нибу́дь.

У меня́ сего́дня мно́го де́ла:
На́до па́мять до конца́ уби́ть,
На́до, чтоб душа́ окамене́ла,
На́до сно́ва научи́ться жить.

76

А не то́... Горя́чий ше́лест ле́та,
Сло́вно пра́здник за мои́м окно́м.
Я давно́ предчу́вствовала э́тот
Све́тлый день и опусте́лый дом.[17]

1939. Ле́то.
Фонта́нный Дом

К сме́рти

Ты всё равно́ придёшь — заче́м же не тепе́рь?
Я жду тебя́ — мне о́чень тру́дно.
Я потуши́ла свет и отвори́ла дверь
Тебе́, тако́й просто́й и чу́дной.
Прими́ для э́того како́й уго́дно вид.
Ворви́сь отра́вленным снаря́дом
Иль с ги́рькой подкради́сь как о́пытный банди́т,
Иль отрави́ тифо́зным ча́дом
Иль ска́зочкой, приду́манной тобо́й
И всем до тошноты́ знако́мой, —
Чтоб я уви́дела верх ша́пки голубо́й[18]
И бле́дного от стра́ха управдо́ма.
Мне всё равно́ тепе́рь. Клуби́тся Енисе́й,[19]
Звезда́ поля́рная сия́ет.
И си́ний блеск возлю́бленных оче́й
После́дний у́жас застила́ет.

19 а́вгуста 1939.
Фонта́нный Дом

Уже́ безу́мие крыло́м
Души́ закры́ло полови́ну,
И по́ит о́гненным вино́м
И ма́нит в чёрную доли́ну.

И поняла́ я, что ему́
Должна́ я уступи́ть побе́ду,
Прислу́шиваясь к своему́
Уже́ как бы к чужо́му бре́ду.

И не позво́лит ничего́
Оно́ мне унести́ с собо́ю
(Как ни упра́шивать его́
И как ни докуча́ть мольбо́ю):

Ни сы́на стра́шные глаза́ —
Окамене́лое страда́нье,
Ни день, когда́ пришла́ гроза́,
Ни час тюре́много свида́нья,

Ни ми́лую прохла́ду рук,
Ни лип взволно́ванные те́ни,
Ни отдалённый лёгкий звук —
Слова́ после́дних утеше́ний.

4 мая 1940.

Распя́тие

«Не рыда́й мене́ ма́ти,
во гро́бе су́щу».[20]

1

Хор а́нгелов вели́кий час восcла́вил,
И небеса́ распла́вились в огне́.
Отцу́ сказа́л: «Почто́ меня́ оста́вил!»[21]
А ма́тери: «О, не рыда́й мене́...»

2

Магдали́на би́лась и рыда́ла,
Учени́к люби́мый[22] камене́л,
А туда́, где мо́лча мать стоя́ла,
Так никто́ взгляну́ть и не посме́л.[23]

Эпило́г

1

Узна́ла я, как опада́ют ли́ца,
Как из-под век выгля́дывает страх,
Как кли́нописи жёсткие страни́цы
Страда́ние выво́дит на щека́х,
Как ло́коны из пе́пельных и чёрных
Серебряными де́лаются вдруг,
Улы́бка вя́нет на губа́х поко́рных,
И в су́хоньком смешке́ дрожи́т испу́г.
И я молю́сь не о себе́ одно́й,
А обо все́х, кто там стоя́л со мно́ю
И в лю́тый хо́лод, и в ию́льский зной
Под кра́сною осле́пшею стено́ю.[24]

2

Опя́ть помина́льный прибли́зился час.
Я ви́жу, я слы́шу, я чу́вствую вас:

И ту, что едва́ до окна́ довели́,
И ту, что роди́мой не то́пчет земли́.

И ту, что, краси́вой тряхну́в голово́й,
Сказа́ла: «Сюда́ прихожу́, как домо́й».[25]

Хотелось бы всех поименно назвать,
Да отняли список, и негде узнать.[26]

Для них соткала я широкий покров
Из бедных, у них же подслушанных слов.

О них вспоминаю всегда и везде,
О них не забуду и в новой беде,

И если зажмут мой измученный рот,
Которым кричит стомильонный народ,

Пусть так же они поминают меня
В канун моего погребального дня.

А если когда-нибудь в этой стране
Воздвигнуть задумают памятник мне,

Согласье на это даю торжество,
Но только с условьем — не ставить его

Ни около моря,[27] где я родилась:
Последняя с морем разорвана связь,

Ни в царском саду у заветного пня,[28]
Где тень безутешная ищет меня,

А здесь, где стояла я триста часов
И где для меня не открыли засов.

Затем, что и в смерти блаженной боюсь
Забыть громыхание чёрных марусь.

Забыть, как постылая хлопала дверь
И выла старуха,[29] как раненый зверь.

И пусть с неподви́жных и бро́нзовых век,
Как слёзы, струи́тся подта́явший снег,

И го́лубь тюре́мный пусть гу́лит вдали́,[30]
И ти́хо иду́т по Неве́ корабли́.[31]

1940, март

Evgeny Aleksandrovich Evtushenko
(1933–)

1933 Born at Stantsiya Zima, Irkutsk region, Siberia.

1951–4 Studies at the Gorky Literary Institute in Moscow.

1952 Publishes his first verse collection, *Razvedchiki gryadushchego*.

1956 *Shosse entuziastov*.

1958 *Stantsiya Zima*.

1961 Travels to Europe and USA with Voznesensky. Publishes *Babii Yar*.

1962 *Nasledniki Stalina* published in *Pravda* (21 October).

1963 Publishes in Paris *Autobiographie précoce*, for which he is severely reprimanded by Soviet authorities.

1964 *Bratskaya GES*.

1969 *Idut belye snegi*.

1973 *Poet v Rossii bol'she chem poet*.

1974 Protests to Brezhnev at arrest and expulsion from Soviet Union of Solzhenitsyn.

1975 *Izbrannye proizvedeniya v dvukh tomakh*.

1981 Novel *Yagodnye mesta*.

1986 Eighth Congress of Soviet Writers. Evtushenko at centre of renewed speculation about full rehabilitation of Pasternak and publication in Soviet Union of *Doktor Zhivago*.

Further reading

Milner-Gulland, Robin, 'Evtushenko', in *The Modern Encyclopedia of Russian and Soviet Literatures* (ed. Harry Weber), Academic International Press, Gulf Breeze, Fla., 1984, Vol. 7, pp. 115–23. [An excellent appraisal.]
Pursglove, Michael, '*Stantsiya Zima*: a reassessment', *New Zealand Slavonic Journal*, 1988, in press. [Draws interesting general conclusions from a detailed examination of this one work.]
Reavey, George, *The Poetry of Yevgeny Yevtushenko*, rev. ed. enlarged, Calder and Boyars, London, 1969.

Sources

The text of *Nasledniki Stalina* is taken from the edition by Reavey cited above, since the work does not figure in the 1983–4 Soviet edition. The other texts are taken from Evgenii Evtushenko: *Sobranie sochinenii v trekh tomakh*, Introduction by E. Sidorov, Izdatel'stvo 'Khudozhestvennaya literatura', Moscow, 1983–4.

Та́йны

Та́ют о́трочеcкие та́йны,
как тума́ны на берега́х. . .
Бы́ли та́йнами — То́ни, Та́ни,
да́же с цы́пками на нога́х.

Бы́ли та́йнами звёзды, зве́ри,
под оси́нами ста́йки опя́т,
и скрипе́ли таи́нственно две́ри —
то́лько в де́тстве так две́ри скрипя́т.

Возника́ли зага́дки ми́ра,
сло́вно ша́рики изо рта́
обольсти́тельного факи́ра,
обольща́ющего неспроста́.

Мы таи́нственно что́-то шепта́ли
на таи́нственном льду катка́,
и пугли́во, как та́йна к та́йне,
прикаса́лась к руке́ рука́...

Но пришла́ неожи́данно взро́слость.
Износи́вший свой фрак до дыр,
в чьё-то де́тство, как в да́льнюю о́бласть,
гастроли́ровать у́был факи́р.

Мы, как взро́слые, им забы́ты.
Эх, факи́р, ты плохо́й челове́к.
Нетаи́нственно до оби́ды.[1]
нам на пле́чи па́дает снег.

Где вы, ша́рики колдовски́е?
Нетаи́нственно мы грусти́м.
Нетаи́нственны нам други́е,
да и мы нетаи́нственны им.

Ну, а е́сли рука́ случа́йно
прикаса́ется, гла́дя слегка́,
э́то то́лько рука́, а не та́йна,
понима́ете — то́лько рука́!

Да́йте та́йну просту́ю-просту́ю,
та́йну — ро́бость и тишину́,
та́йну ху́денькую, босу́ю...
Да́йте та́йну — хотя́ бы одну́!

1960

Бабий Яр

Над Бабьим Яром памятников нет.[1]
Крутой обрыв, как грубое надгробье.
Мне страшно.

       Мне сегодня столько лет,
как самому еврейскому народу.
Мне кажется сейчас —

              я иудей.[2]
Вот я бреду по древнему Египту.
А вот я, на кресте распятый, гибну,
и до сих пор на мне — следы гвоздей.
Мне кажется, что Дрейфус[3] —

                 это я.
Мещанство —

       мой доносчик и судья.
Я за решёткой.

       Я попал в кольцо.
Затравленный,

       оплёванный,

             оболганный.
И дамочки с брюссельскими оборками,
визжа, зонтами тычут мне в лицо.
Мне кажется —

       я мальчик в Белостоке.[4]
Кровь льётся, растекаясь по полам.
Бесчинствуют вожди трактирной стойки
и пахнут водкой с луком пополам.
Я, сапогом отброшенный, бессилен.
Напрасно я погромщиков[5] молю.
Под гогот:

       «Бей жидов, спасай Россию!» —[6]
лабазник избивает мать мою.

О, ру́сский мой наро́д!

Я зна́ю —

ты

по су́щности интернациона́лен.
Но ча́сто те, чьи ру́ки нечисты́,
твои́м чисте́йшим и́менем бряца́ли.
Я зна́ю доброту́ твое́й земли́.
Как по́дло,

что, и жи́лочкой не дро́гнув,
антисеми́ты пы́шно нарекли́
себя́ «Сою́зом ру́сского наро́да»![7]
Мне ка́жется —

я — э́то А́нна Франк,[8]
прозра́чная,

как ве́точка в апре́ле.
И я люблю́.

И мне не на́до фраз.
Мне на́до,

чтоб друг в дру́га мы смотре́ли.
Как ма́ло мо́жно ви́деть,

обоня́ть!
Нельзя́ нам ли́стьев

и нельзя́ нам не́ба.
Но мо́жно о́чень мно́го —

э́то не́жно
друг дру́га в тёмной ко́мнате обня́ть.
Сюда́ иду́т?

Не бо́йся — э́то гу́лы
само́й весны́ —

она́ сюда́ идёт.
Иди́ ко мне.

Дай мне скоре́е гу́бы.
Лома́ют дверь?

Нет — э́то ледохо́д...[9]
Над Ба́бьим Яром ше́лест ди́ких трав.

86

Дере́вья смо́трят гро́зно,
                    по-суде́йски.
Всё мо́лча здесь кричи́т,
              и, ша́пку сняв,
я чу́вствую,
              как ме́дленно седе́ю.
И сам я,
        как сплошно́й беззву́чный крик,
над ты́сячами ты́сяч погребённых.[10]
Я —
      ка́ждый здесь расстре́лянный стари́к.
Я —
      ка́ждый здесь расстре́лянный ребёнок.
Ничто́ во мне
           про э́то не забу́дет!
«Интернациона́л»
              пусть прогреми́т,
когда́ наве́ки похоро́нен бу́дет
после́дний на земле́ антисеми́т.
Евре́йской кро́ви нет в крови́ мое́й.
Но ненави́стен зло́бой заскору́злой
я всем антисеми́там,
             как евре́й,
и потому́ —
        я настоя́щий ру́сский!

1961

Насле́дники Ста́лина

Безмо́лствовал мра́мор.
              Безмо́лвно мерца́ло стекло́.
Безмо́лвно стоя́л карау́л,
            на ветру́ бронзове́я.

А гроб чуть дыми́лся.

Дыха́нье сквозь ще́ли текло́,
когда́ выноси́ли его́ из двере́й Мавзоле́я.
Гроб ме́дленно плыл,

задева́я края́ми штыки́.
Он то́же безмо́лвным был —

то́же!

но гро́зно безмо́лвным.

Угрю́мо сжима́я

набальзами́рованные кулаки́,
в нём к ще́ли прини́к

челове́к, притвори́вшийся мёртвым.
Хоте́л он запо́мннть всех тех,

кто его́ выноси́л:
ряза́нских и ку́рских моло́деньких

новобра́нцев,[1]
чтоб ка́к-нибудь по́сле

набра́ться для вы́лазки сил,[2]
и встать из земли́,

и до них неразу́мных добра́ться.
Он что-то заду́мал.

Он лишь отдохну́ть прикорну́л.
И я обраща́юсь к прави́тельству на́шему

с про́сьбою:
удво́ить,

утро́ить

у э́той плиты́ карау́л,
чтоб Ста́лин не встал,

и со Ста́линым —

про́шлое.
Я речь не о том сокрове́нном и до́блестном

про́шлом веду́,[3]
где бы́ли Туркси́б,
и Магни́тка,[4]
и флаг над Берли́ном.[5]

88

Я в слу́чае да́нном

под про́шлым име́ю в виду́
забве́нье о бла́ге наро́да,

наве́ты,

аре́сты безви́нных.
Мы се́яли че́стно.
Мы че́стно вари́ли мета́лл
и че́стно шага́ли мы,

стро́ясь в солда́тские це́пи.
А он нас боя́лся.

Он, ве́ря в вели́кую цель, не счита́л,
что сре́дства

должны́ быть досто́йны
вели́чия це́ли.
Он был дальнови́ден.

В зако́нах борьбы́ умудрён,[6]
насле́дников мно́гих на ша́ре земно́м он

оста́вил.
Мне чу́дится,

бу́дто поста́влен в гробу́ телефо́н:
Энве́ру Ходжа́[7]

сообща́ет свои́ указа́ния Ста́лин.
Куда́ ещё тя́нется про́вод из гро́ба того́!
Нет, — Ста́лин не сда́лся.
Счита́ет он смерть —

поправи́мостью.
Мы вы́несли

из Мавзоле́я

его́.
Но как из насле́дников Ста́лина

Ста́лина вы́нести?!
Ины́е насле́дники ро́зы в отста́вке стригу́т,
а втайне счита́ют,

что вре́менна э́та отста́вка.
Ины́е

и Ста́лина да́же руга́ют с трибу́н,

а са́ми

    ноча́ми

        тоску́ют о вре́мени ста́ром.

Насле́дников Ста́лина, ви́дно, сего́дня не зря

хвата́ют инфа́ркты.

        Им бы́вшим когда́-то опо́рами,

не нра́вится вре́мя,

        в кото́ром пусты́ лагеря́,

а за́лы, где слу́шают лю́ди стихи́, —

          перепо́лнены.[8]

Веле́ла

    не быть успоко́енным

        Па́ртия мне.

Пусть кто-то тверди́т:

    «Успоко́йся!» — споко́йным я быть

        не суме́ю.

Поку́да насле́дники Ста́лина есть на земле́,

мне бу́дет каза́ться,

    что Ста́лин ещё в Мавзоле́е.

        1962

Кра́деные я́блоки

Крени́лись от што́рма забо́ры,

и кра́лись мы в те́нях озя́блых,

счастли́вые, бу́дто бы во́ры

с руба́хами, по́лными я́блок.

Тяжёлыми я́блоки бы́ли,

и есть бы́ло стра́шно-престра́шно,[1]

но мы друг дру́га люби́ли,

и э́то бы́ло прекра́сно.

И нас, как сообщница, пря́ча
от ми́ра, где гря́зные во́лны,
шепта́ла мона́хиня-да́ча:[2]
«Не бо́йтесь люби́ть. Вы — не во́ры».

И лу́нного све́та моло́чность
шепта́ла сквозь пы́льные што́ры:
«Укра́вшие то, что могло́ быть
укра́дено жи́знью, — не во́ры...»

Был да́чи хозя́ин гума́нный
футбо́льный — на пе́нсии — ви́тязь,
и фо́то, мерца́я тума́нно,
шепта́ли: «Не бо́йтесь — прорви́тесь!»

И мы прорыва́лись к воро́там
в любо́вь, как в штрафну́ю площа́дку,
и де́лали финт с поворо́том
и я́блоками — в девя́тку.[3]

И, кро́шечны, сни́лись нам бу́дто,
игру́шками-игруна́ми
кача́лись футбо́льные бу́тсы
на ни́точке то́нкой над на́ми.

«Не бо́йтесь... — шепта́ли, как гно́мы. —
Игра́йте, и не понаро́шке...» —[4]
и би́ли по ша́ру земно́му,
тако́му же, в су́щности, кро́шке.

И мы игра́ли и би́ли.
Игра́ была́, мо́жет, напра́сна,
но мы друг дру́га люби́ли,
и э́то бы́ло прекра́сно.

91

А мо́ре, люте́я от ры́ка,
предупрежда́ло о чём-то,
но, как золота́я ры́бка,
плеска́лась на лбу твоём чёлка.

И бы́ло не бо́язно ду́мать,
что в бу́дущем, што́рмом закры́том,
за жа́дность мою́ и за ду́рость
оста́нусь с разби́тым коры́том.[5]

Пусть бу́ду я спле́тнями за́гнан,
я зна́ю — любо́вь не для сла́бых,
и за́пах любви́ — э́то за́пах
не ку́пленных — кра́деных я́блок.

Мы сча́стливы бу́дем? Едва́ ли...
Но всё бы мы про́кляли в ми́ре,
когда́ б у себя́ мы укра́ли
возмо́жность укра́сть э́ти ми́ги.

Что крик сторо́жей исступлённых,
когда́ я под бры́згами мо́ря
лежа́л голово́й на солёных
двух я́блоках, кра́деных мно́ю!

1967

«Москва́ пове́рила мои́м слеза́м . . .»

И. Гу́тчину[1]

Москва́ пове́рила мои́м слеза́м,[2]
когда́ у вхо́да в бе́дный ка́рточный сеза́м[3]
святу́ю ка́рточку на хлеб в кавардаке́
я потеря́л, как бу́дто сквозь дыру́ в руке́.

Старушка стриженая — тиф её остриг —
шепнула:
        «Богу отдал душу мой старик.
А вот на карточке ещё остались дни.
Хотя б за мёртвого поешь. Да не сболтни!»[4]

Москва поверила моим слезам,
и я с хвостов её трамваев не слезал,
на хлеб чужое право в варежке везя. . .
Я ел за мёртвого. Мне мёртвым быть нельзя.

Москва поверила моим слезам,
и я слезам её навек поверил сам,
когда, бесчисленных солдат своих вдова,
по-деревенски выла женская Москва.

Скрипела женская Москва своей кирзой. . .[5]
Всё это стало далеко, как мезозой.[6]
Сезам расширился, с ним вместе кавардак,
а что-то снова у меня с рукой не так.

Я нечто судорожно в ней опять сжимал,
как будто карточки на хлеб, когда был мал,
но это нечто потерял в людской реке,
а что, не знаю, но опять — дыра в руке.

Я проболтался через столько долгих лет,
когда ни карточек, ни тех старушек нет.
Иду навстречу завизжавшим тормозам. . .
Москва, поверишь ли опять моим слезам?

1979

Andrei Andreevich Voznesensky
(1933–)

1933   Born in Moscow into a family of intellectuals: father an
        outstanding civil engineer. Encouraged to read seriously
        from an early age.

1957   Graduates from Moscow Institute of Architecture, but
        also studies independently a wide variety of subjects:
        live art, music, mathematics. Consolidates friendship
        with Pasternak.

1958   Publishes his first poems. Has published regularly ever
        since; the following collections are particularly notable:
        Mozaika, *Parabola*, 1960; *Treugol'naya grusha*, 1962;
        Antimiry, 1964; *Akhillesovo serdtse*, 1966.

1967   Publicly supports Solzhenitsyn's attack on censorship.

1975   Meets and collaborates with composer Shostakovich
        (1906–75).

1978   State Prize for his collection *Vitrazhnykh del master*.

1983   Rock opera *Yunona i Avos'* in collaboration with the
        composer Rybnikov.

1986–7 Heads commission charged with full rehabilitation of
        Pasternak.

Further reading

Auden, W. H., Foreword to *Andrei Voznesensky: Antiworlds and The Fifth Ace*, ed. Patricia Blake and Max Hayward, Oxford University Press, 1968.

Harvie, J. A., 'Voznesensky's Dystopia', *New Zealand Slavonic Journal*, 1974, No. 2, pp. 77–89.

Smith, William and Reeve, F. D. (eds), *Andrei Voznesensky: An Arrow in the Wall*. Secker and Warburg, London, 1987. [Incorporates much of the material included in earlier Western editions, including Blake and Hayward edition cited above. Bilingual poetry texts. English translations of some of Voznesensky's prose.]

Thompson, R. D. B., 'Andrey Voznesensky: Between Pasternak and Mayakovsky', *Slavonic and East European Review*, Vol. 54, 1976, pp. 41–59.

Source

There are widely differing versions of some of Voznesensky's poems. The texts here are taken from Andrei Voznesenskii: *Sobranie sochinenii v trekh tomakh*, Introduction by L. Ozerov, Izdatel'stvo 'Khudozhestvennaya literatura', Moscow, 1983–4.

Гóйя[1]

Я — Гóйя!
Глазнѝцы ворóнок мне вы́клевал вóрог,
   слетáя на пóле нагóе.
Я — гóре.

Я — гóлос
Войны́, городóв головнѝ
   на снегý сóрок пéрвого гóда.
Я — гóлод.

95

Я — го́рло
Пове́шенной ба́бы, чьё те́ло, как ко́локол,
   би́ло над пло́щадью го́лой...
Я — Го́йя!

О, гро́зди
Возме́здья! Взвил за́лпом на За́пад —
   я пе́пел незва́ного го́стя![2]
И в мемориа́льное не́бо вбил кре́пкие звёзды —
Как гво́зди.
Я — Го́йя.

                                                    1957

После́дняя электри́чка

Ма́льчики с фи́нками,[1] де́вочки с фи́ксами,
две контролёрши засну́вшими сфи́нксами...

Я е́ду в э́том та́мбуре,
спаса́ясь от жары́,
круго́м гудя́т как в та́боре
гита́ры и воры́.

И как-то получи́лось,
что я чита́л стихи́
ме́жду тене́й плечи́стых,[2]
оку́рков, шелухи́.

У них свои́ ремёсла.
А я чита́ю им,
как де́вочка примёрзла
к око́шкам ледяны́м.

На чёрта им[3] девчо́нка
и рифм ассортиме́нт?
Таки́м, как э́та[4] — с чёлкой
и пу́дрой в сантиме́тр?!

Стои́шь — черты́ спиты́е,
на блу́зке ви́дит взгляд
всю дактилоскопи́ю
мала́ховских ребя́т.[5]

Чего́ ж ты пла́чешь бу́рно,
и, вся от слёз светла́,
мне ше́пчешь нецензу́рно[6]
чисте́йшие слова́?

И вдруг из электри́чки,
ошеломи́в ваго́н,
ты чи́ще Беатри́че[7]
сбега́ешь на перро́н!

1958

Параболи́ческая балла́да

Судьба́, как раке́та, лети́т по пара́боле
обы́чно — во мра́ке и ре́же — по ра́дуге.

Жил о́гненно-ры́жий худо́жник Гоге́н,[1]
боге́ма, а в про́шлом — торго́вый аге́нт.
Чтоб в Лувр короле́вский попа́сть

из Монма́ртра,
он
дал
кругаля́ че́рез Я́ву с Сума́трой![2]

97

Унёсся, забыв сумасшествие денег,
кудахтанье жён и дерьмо академий.
Он преодолел
        тяготенье земное.

Жрецы гоготали за кружкой пивною:
«Прямая — короче, парабола — круче,
не лучше ль скопировать райские кущи?»

А он уносился ракетой ревущей
сквозь ветер, срывающий фалды и уши.
И в Лувр он попал не сквозь главный порог —
параболой
        гневно
                пробив потолок!

Идут к своим правдам, по-разному храбро,
червяк — через щель, человек — по параболе.

Жила-была[3] девочка, рядом в квартале.
Мы с нею учились, зачёты сдавали.
Куда ж я уехал!
            И чёрт меня нёс
меж грузных тбилисских двусмысленных
                      звёзд![4]

Прости мне дурацкую эту параболу.
Простывшие плечики в чёрном парадном...
О, как ты звенела во мраке Вселенной
упруго и прямо — как прутик антенны!
А я всё лечу,
           приземляясь по ним —
земным и озябшим твоим позывным.
Как трудно даётся нам эта парабола!..

Сметáя канóны, прогнóзы, парáграфы,
несýтся искýсство,
          любóвь
               и истóрия —
по параболи́ческой траектóрии!

В Сиби́рь уезжáет он ны́нешней нóчью.
. . . .

А мóжет быть, всё же прямáя — корóче?

1958

Антимиры́ [1]

Живёт у нас сосéд Букáшкин,[2]
в кальсóнах цвéта промокáшки.
Но, как воздýшные шары́,
над ним горя́т
          Антимиры́!

И в них маги́ческий, как дéмон,
вселéнной прáвит, возлежи́т
Антибукáшкин, акадéмик,
и щýпает Лоллобриджи́д.[3]

Но грéзятся Антибукáшкину
видéнья цвéта промокáшки.

Да здрáвствуют Антимиры́!
Фантáсты — посреди́ муры́.[4]
Без глýпых нé было бы ýмных,
оáзисов — без Каракýмов.[5]

Нет жéнщин —
          есть антимужчи́ны,

99

в леса́х реву́т антимаши́ны.
Есть соль земли́. Есть сор земли́.
Но со́хнет со́кол без змей.

Люблю́ я кри́тиков мои́х.
На ше́е одного́ из них,
благоуха́нна и гола́,
сия́ет антиголова́!..

...Я сплю́ с око́шками откры́тыми,
а где-то сви́щет звездопа́д,
и небоскрёбы
                    сталакти́тами
на брю́хе гло́буса вися́т.

И подо мно́й
                    вниз голово́й,
вонзи́вшись ви́лкой в шар земно́й,
беспе́чный, ми́лый мотылёк,
живёшь ты,
                    мой антимиро́к!

Заче́м среди́ ночно́й поры́
встреча́ются антимиры́?

Заче́м они́ вдвоём сидя́т
и в телеви́зоры гляди́т?

Им не поня́ть и па́ры фраз.
Их пе́рвый раз — после́дний раз!

Сидя́т, забы́вши про бонто́н,[6]
ведь бу́дут му́читься пото́м!

И у́ши кра́сные горя́т,
как бу́дто ба́бочки сидя́т...

100

…Знако́мый ле́ктор мне вчера́
сказа́л: «Антимиры́? Мура́!»

Я сплю́, воро́чаюсь спросо́нок.
Наве́рно, прав нау́чный хмырь…
Мой кот, как радиоприёмник,
зелёным гла́зом ло́вит мир.

1961

«Благослове́нна лень…»

Благослове́нна лень, томи́тельнейший плен,
когда́ просну́ться лень и сну отда́ться лень,

лень к телефо́ну встать, и ты че́рез меня́
дотя́нешься к нему́, переутомлена́,

рожда́ющийся звук в тебе́ как колоко́льчик
и диафра́гмою моё плечо́ щеко́чет.

«Биле́ты? — ска́жешь ты. — Пусть пропада́ют. Лень».
Томи́тельнейший день в нас перехо́дит в тень.

Лень — дви́гатель прогре́сса. Ключ к
Диоге́ну[1] — лень.
Я зна́ю, ты — преле́стна! Всё остально́е — тлен.

Вселе́нная гори́т? До за́втраго[2] поте́рпит!
Лень телегра́мму взять — заткни́те под портье́ру.

Лень у́жинать идти́. Лень вы́ключить «трень-брень».[3]
Лень.
И лень око́нчить мысль. Сего́дня воскресе́нь…[4]

101

Колхо́зник на доро́ге
Разлёгся подшофе́[5]
сати́ром козлоно́гим,
босо́й и в галифе́.

1965

НТР[1]

Моя́ ба́бушка — старове́рка,[2]
Но она́ —
нау́чно-техни́ческая революционе́рка.
Ко́рмит го́рмонами кабана́.

Нау́чно-техни́ческие коро́вы
следя́т за Харла́мовым и Петро́вым,[3]
и, прикрыва́ясь ночны́м покро́вом,
сексуа́л-революционе́рка Суда́ркина,[4]
в се́рдце,

как в тру́сики-безразме́рки,[5]
умеща́ющая пол-Краснода́ра,[6]
подрыва́ет осно́вы
семьи́,

ча́стной со́бственности

и госуда́рства.

Нау́чно-техни́ческие обме́ны
отме́нны.
Посыла́ем Терпсихо́ру —[7]
получа́ем «Пе́пси-ко́лу».

И всё-таки э́то есть Револю́ция —
в ума́х, в быту́ и в наро́дах це́лых.
К двена́дцати стре́лки часо́в краду́тся —
но мы но́сим ла́зерные, без стре́лок!

Я — попу́тчик[8]
        нау́чно-техни́ческой револю́ции.
При всём уваже́нии к коромы́слам[9]
хочу́, что́бы в са́мой дыре́ завалю́щей
был водопрово́д
        и движе́нье мы́сли.

За э́то я ста́ну на го́рло пе́сне,[10]
уста́ну —
        това́рищи поде́ржат за го́рло.
Но пе́вчее го́рло
        с дыха́тельным вме́сте —
живу́,
        не дыша́ от сча́стья и го́ря.

Скажу́, вырыва́ясь из тиско́в стишка́,[11]
тем го́рлом, кото́рым дышу́ и пою́:
«Да здра́вствует Нау́чно-техни́ческая,
перераста́ющая в Духо́вную!»

Револю́ция в опа́сности!
        Нужны́ ме́ры.
Она́ сабота́жникам не по нутру́.[12]
Нау́чно-техни́ческие контрреволюционе́ры
не едя́т синтети́ческую икру́.

                1973

Кни́жный бум

Попро́буйте купи́ть Ахма́тову.
Вам букини́сты объясня́т,
что чёрный том её ага́товый
куда́ доро́же, чем ага́т.

103

И мно́гие не потому́ ли —
как к отпуще́нию грехо́в —
стоя́т в почётном карау́ле
за то́миком её стихо́в?

«Приба́вьте тиражи́ журна́лам», —
мы мо́лимся книгобога́м,
приба́вьте тиражи́ жела́ньям
и журавля́м!

Всё ре́же в небеса́х бензи́нных
услы́шишь журавли́ный зов.
Всё моноли́тней в магази́нах
сплошно́й Масси́вий Муравлёв.[1]

Страна́ поэ́тами бога́та,
но до́лжен инжене́р копи́ть
в разме́ре чуть ли не зарпла́ты,
что́бы Ахма́тову купи́ть.

Страно́ю за́ново откры́ты
те, кто писа́ли «для эли́т».
Есть всенаро́дная эли́та.
Она́ за кни́гами стои́т.

Страна́ жела́ет перворо́дства.
И, мо́жет, в э́том до́брый знак —
Ахма́това не продаётя,
не продаётся Пастерна́к.

1977

Памяти Влади́мира Высо́цкого[1]

Не называ́йте его́ ба́рдом.
Он был поэ́том по приро́де.
Меньшо́го[2] потеря́ли бра́та —
всенаро́дного Воло́дю.[3]

Оста́лись у́лицы Высо́цкого,
оста́лось пле́мя в «ле́ви-стра́ус»,
от Чёрного и до Охо́тского[4]
страна́ неспе́тая оста́лась.

Вокру́г тебя́ за све́жим дёрном
растёт толпа́ вечножива́я.
Ты так хоте́л, чтоб не актёром —
что́бы поэ́том называ́ли.

Праве́е вхо́да на Вага́ньково[5]
моги́ла вы́рыта вака́нтная.
Покры́ла Га́млета тага́нского[6]
землёй есе́нинской лопа́та.

Дождь ту́шит све́чи восковы́е...
Всё, что оста́лось от Высо́цкого,
магнитофо́нной расфасо́вкою[7]
уно́сят, как бинты́ живы́е.

Ты жил, игра́л и пел с усме́шкою,
любо́вь росси́йская и ра́на.
Ты в чёрной ра́мке не уме́стишься.
Тесны́ тебе́ людски́е ра́мки.

С како́ю стра́шной перегру́зкой
ты пел Хлопу́шу[8] и Шекспи́ра —

ты говори́л о на́шем, ру́сском,
так, что щеми́ло и щепи́ло!

Писцы́ оста́нутся писца́ми
в бума́гах тле́нных и мело́ванных.
Певцы́ оста́нутся певца́ми
в наро́дном вздо́хе миллио́нном. . .

1980

Notes

Abbreviations used in the notes are explained in the introduction to the Vocabulary (see p. 140 below).

Aleksandr Aleksandrovich Blok

Двенáдцать

1 **На ногáх не стоѝт человéк**. *You can't keep on your feet.*
2 **бедня́жка** – dim. of **бедня́га**: *poor devil* or possibly *poor woman*, a masculine word with a feminine declension.
3 **«Вся власть Учредѝтельному Собрáнию!»** – '*All Power to the Constituent Assembly!*' After the February Revolution the Provisional Government made preparations for a Constituent Assembly, a kind of broad-based freely elected parliament. Blok himself saw banners calling for 'All power to the Constituent Assembly' a few days before it met. When it did finally meet on 5–6 January 1918, after the Bolshevik Revolution, the Bolsheviks were heavily outvoted, and so they disbanded it at gunpoint. The Bolsheviks' slogan from April 1917 had been, in contrast, **«Вся власть совéтам!»** (*'All Power to the Soviets!'*).
4 **Скóлько бы вы́шло портя́нок для ребя́т**. *What a lot of footcloths you could make of it for the kids.* Footcloths, as opposed to socks, have been commonly worn in Russia.

107

5 **Кой-ка́к**: somehow or other.

6 **Ма́тушка-Засту́пница!** (lit. *Mother Intercessor!*) *Mother of God!*

7 **Сторо́нкой** – *I*. of dim. of **сторона́**: *From the side.*

8 **Това́рищ поп** – *Comrade priest*. The juxtaposition of these two terms is a deliberate taunt.

9 **ба́рыня в кара́куле**: (*well-to-do*) *young lady in an astrakhan coat*.

10 **Хле́ба!** The partitive genitive is used here.

11 **Проходи́!** *Move along there!*

12 **Гляди́ в о́ба!** *Keep your eyes peeled!*

13 **Гуля́ет ве́тер**. *The wind is on the rampage*. The connotations of **гуля́ть** are manifold – *to go out for fun, on the town*. The word contrasts with **иду́т** in the next line which implies movement in *one* direction, and by extension, with some purpose. **Иду́т двена́дцать челове́к** might be rendered as *Twelve men are marching.*

14 **Огни́, огни́, огни́ . . .** – **ого́нь** can mean *fire* or *light* (as in a window). Here, possibly, *flashes of gunfire*.

15 **цыга́рка** – coll. variant of **сига́ра** or **сигаре́та**, often hand-rolled.

16 **примя́т** – *p.p.p.* from **примя́ть** (**примну́**, **примнёшь**): *to press on, squash on*.

17 **На спи́ну б на́до бубно́вый туз!** *They ought to have the ace of diamonds sewn on their backs!* In pre-Revolutionary Russia a diamond-shaped patch was sewn on convicts' uniforms.

18 **У ей** – coll. for **у ней, у неё**.

19 **кере́нки**: banknotes issued by the Provisional Government between July and October 1917. Alexander Kerensky (1881–1970) was head of the Provisional Government.

20 **стал солда́т**: *became a soldier* (in the nationalist army, as opposed to a **красногвардеец** (*a Red Guardist*)). **Станови́ться/стать** is usually followed by the instrumental.

21 **Мою́, попро́буй, поцелу́й!** *Just you try and kiss my girl!*

22 **Революцьо́нный, держи́те шаг!**
Неугомо́нный не дре́млет враг!
These words echo similar exhortations printed in *Pravda* at the time.

23 **в Святу́ю Русь**: *into Holy Russia*. **Русь** was the term commonly used for **Росси́я** until the end of the seventeenth century. Here its use implies obsolescence. In Esenin the term is often one of nostalgic endearment.

24 **Бу́йну го́лову сложи́ть!** (lit. *lay down one's violent head*) *lay down one's life*. The phrase is a very rare example of a short form adjective used attributively. These lines echo actual declarations by some Red

Guard units that they were willing to die for the Revolution. This section and section 5 are in the form of a *chastushka*, a rhyming ditty usually on a topical or humorous theme.

25 **го́ре-го́рькое**: *bitter misery*. The expression has a popular 'folksy' ring to it.

26 Austrian guns found their way to Russia in a variety of ways. The Russian Army had notable successes against the Austrians in the autumn of 1914 and again during the first two days of the ill-fated June offensive in 1917. On both occasions the poorly equipped Russians seized all the weapons they could. Moreover, Czech troops who were supposed to be fighting for Austria (Czechoslovakia was still part of the Austro-Hungarian Empire) defected in large numbers to the Russians during the war. Most fought for the Tsar during the Civil War, but some sided with the Bolsheviks.

27 **Снег крути́т** – the stress is usually **кру́тит**.

28 **Елекстри́ческий** – the standard word is **электри́ческий**. The corruption here indicates how unfamiliar Russians were with electricity at the time. The uneducated speech of the narrator at this point no doubt echoes the thoughts of the Red Guards as they pursue Vanka and Katka.

29 **Да покру́чивает,**
да пошу́чивает . . . – *Let him twist his moustache a bit, let him crack jokes now and then*. The verbs are imperfective frequentative, denoting intermittent action.

30 **Зу́бки бле́щут жемчуго́м** – normal stress is **же́мчугом**: *Her teeth shine like pearls*. Compare this line with the description of Christ at the end where the adjective **жемчу́жный** occurs.

31 **Бо́льно но́жки хороши́!** – **бо́льно**: (lit. *painfully*) here *very, awfully*. The short form of **хоро́ший** means *beautiful*, not *good*.

32 **блуди́ла** – from **блуди́ть**: (lit. *to fornicate*) here, more colloquially, *to knock around with*.

33 **Аль . . . а́ли** – corruptions of **и́ли**.

34 **Шокола́д Миньо́н жрала́**: *Mignon chocolate*, very much a luxury. **жрать** slang for **есть**, *to eat*, here means to *guzzle, stuff yourself with*.

35 **юнкерьё . . . солдатьё** – colloquial collective nouns meaning *cadets* and *privates*.

36 **Андрю́ха . . . Петру́ха** – dim. of **Андре́й** and **Пётр**: *Andrew* and *Peter*, names of two of the apostles. Some scholars have also linked **Ва́нька (Ива́н)** with John and, by extension, with Judas.

37 **Взводи́ куро́к!** *Cock your rifle!*

38 Some scholars suggest that the omitted line here is the obscenity **Ёб твою́ мать** (*Fuck your mother*).

39 **Ужо́** – a threat: *I'll give it you, just you wait*.

40 **Ни гу-гу́**: *not a peep* (*out of her*).

41 **нос пове́сил**: *are you down in the dumps?*

42 **Из-за у́дали бедо́вой**: *out of mischievous daredevilry*.

43 **Ишь, стерве́ц, завёл шарма́нку.** *Look here, you sod, play another tune* (lit. *wind up the barrel organ*). **Ишь** is short for **ви́дишь**. **Стерве́ц** (like **сте́рва**, which originally meant *dead animal*, *carrion*) is used as an expletive. The past tense of the verb is used colloquially here as an imperative.

44 **Изво́ль!** *Do us a favour!*

45 **ня́ньчиться с тобо́й**: *play the nurse-maid with you*. Usually without the soft sign: **ня́нчиться**.

46 **Запира́йте етажи́**: *Lock up the landings*, i.e. the doors connecting the stairs to individual apartments inside large buildings. **Етажи́**, as opposed to the correct **этажи́**, again indicates the lack of education of the Red Guard (see note 28).

47 Part 8 is arguably the most individualistic and nihilistic section of the work. Some scholars suggest that Petrukha is speaking here, but the most important point is that here an individual (as opposed to a disciplined force, or a mob) is voicing his own interests: he wants to idle away his time, and commit murder. In self-justification he can invoke either the revolutionary cause (*Flee like a sparrow, bourgeois*) or religion (*Give rest, O Lord, to thy handmaiden's soul* – words taken from the Russian Orthodox funeral service). However, the section starts and ends with notions of 'boredom' and the overall implication might be that all reasonable behaviour and all civilized thought processes have ceased. Tautology, repetition and diminutives are all used to create a 'folksy' yet chilling impression that, in Ivan Karamazov's words, 'all is permitted' for God no longer exists.

48 The first two lines of Part 9 are taken from a popular nineteenth-century song, with lyrics based on a poem by F. N. Glinka (1786–1880).

49 Drunkenness was widespread in 1917 – not least among the Red Guards. There were repeated attempts to prohibit alcohol, cellars were searched and stocks destroyed.

50 **чтой-то** – coll. variant of **что-то**: meaning here *somehow or other*, or *for some reason*.

51 Note the varying stress on **вью́га** in the first two lines.

52 **спа́се!** – a rare example of a vocative in modern Russian (N. **спас** *Saviour*). Cf. **бо́же** and **го́споди**.

53 **От чего́ тебя́ упа́с**
Золото́й иконоста́с?
What has the church ever done for you? **Иконоста́с** is the iconostasis, the screen which separates the sanctuary from the main body of the church and on which the icons are fixed. This line also provides a rare instance of a colour other than black, white or red appearing in the poem.

54 **Бессозна́тельный** – here, in the sense of *you're unthinking*, but perhaps one should bear in mind the meaning of **созна́тельный** in the sense of *politically conscious*.

55 The last two lines of this part, repeated at the end of Part 11, recall the famous revolutionary song *Varshavyanka*.

56 **Провали́сь — поколочу́!** *Clear off or I'll give you a thrashing!*

57 **Пригляди́сь-ка, э́ка тьма!** *Keep your eyes open, what darkness!* **Э́ка** is a colloquial form of **кака́я**.

58 **Лу́чше да́йся мне живьём!** *Better give yourself up to me alive!*

59 **Не́жной по́ступью надвью́жной,**
Сне́жной ро́ссыпью жемчу́жной,
With gentle tread above the storm, With a sprinkling of pearly snow. **Надвью́жный** is an adjective invented by Blok from **над** and **вью́га**.

60 **Ису́с Христо́с** is the Old Believer form of the name. The standard orthography is **Иису́с**. In the seventeenth century the Russian Orthodox Church split, following imposed reforms. The faithful who refused to accept the revised texts and new practices were known as Old Believers. They became part of the oppressed and the rebellious elements in Russia.

Ски́фы

1 The Scythians were nomadic tribesmen who established a military state in southern Russia and across the Caucasus. They dominated the area from the seventh to third centuries BC. Speaking an Iranian language and being ruthless in warfare, they were an appropriate image for Blok to seize on in his poetic attempt to contrast European and Asiatic values.

The Bolsheviks had seized power in the October Revolution of 1917, pledging to end the war with Germany, no matter what concessions they had to make. They were, after all, anticipating *world-wide* revolution, which would have invalidated any interim deals they might make with foreign capitalist governments. Eventually, on 3 March 1918, the Treaty of Brest-Litovsk was signed between the Bolsheviks and Germany, with the former making massive concessions. Only the subsequent surrender of the Germans to the western allies in November 1918 saved Lenin's government from the full implementation of the Brest-Litovsk agreement. *Скифы*, which has been compared to Pushkin's *Клеветникам России* (*To the Slanderers of Russia*), was written at the end of January 1918 when the negotiations were in progress. It exhorts the West to seek peace with Russia lest Russia abandon her traditional role of 'buffer state' between East and West and adopt an Asiatic stance, to bring about the destruction of Western civilization.

2 The epigraph is from *Панмонголи́зм* (1895) by Vladimir Solovyev (1853–1900).

3 **Миллио́ны** is the standard form.

4 **тьмы**: *multitudes*. The original meaning of **тьма** was *10,000*. The word should not be confused with **тьма** meaning *darkness*, which has no plural.

5 **грома́** – here the pl. of **гром**: *thunder*. The standard pl. would be **гро́мы**.

6 Lisbon was destroyed by an earthquake in 1755 and Messina similarly in 1908.

7 **Крыла́ми бьёт беда́**: *Disaster beats its wings*. The usual *I pl.* of **кры́ло** is **кры́льями**.

8 **От ва́ших Пе́стумов**: *of your Paestums*. Paestum, also known as Poseidonia, was a Greek colony near Salerno in Italy. It was sacked by Muslim raiders in 871. The site was rediscovered in the eighteenth century.

9 **прему́дрый, как Эди́п**: *all-wise, like Oedipus*. In Greek mythology an oracle prophesied that Oedipus would kill his own father and marry his mother. He gained the throne of Thebes by answering the Sphinx's riddle.

10 **числ** – irregular *G pl.* of **число́**: *number*. The usual *G pl.* is **чи́сел**.

11 **венецья́нские прохла́ды** – the normal spelling would be **венециа́нские**. **Прохла́ды** is an archaism, meaning *amusements*, not to be confused with **прохла́да**, *coolness*.

12 **Кёльна ды́мные грома́ды**: *the huge, smoky buildings of Cologne*.

13 **Лома́ть коня́м тяжёлые крестцы́**: *to break horses' hefty backbones*. **Крестец** means *sacrum*, the triangular bone at the base of the spinal column.

14 **нам досту́пно вероло́мство**: (lit. *treachery is accessible to us*) *we too are capable of treachery*.

15 The Ural Mountains are traditionally considered to mark the boundary between Europe and Asia.

16 **Мы очища́ем ме́сто бо́ю**
   Стальны́х маши́н, где ды́шит интегра́л,
   С монго́льской ди́кою ордо́ю!
   We are clearing a battle ground for the savage Mongol horde, and the steel machines in which the integral breathes. The steel machines probably refer to Western technology in general, but it is worth bearing in mind that tanks and armoured vehicles were used for the first time in battle in 1916 and 1917 by the English and French. **Интегра́л** means 'something whole or undivided', but is most frequently used today as a technical term in mathematics. The novelist Evgeny Zamyatin (1884–1937) uses the word for the gigantic spaceship which plays an important role in his futuristic novel *Мы* (*We*), written in 1920–1.

Sergei Aleksandrovich Esenin

'*Ни́вы сжа́ты ...*'

1 **Колесо́м за си́ни го́ры**: *like a wheel behind the blue mountains*. **Си́ни** is a short-form adjective used attributively. The standard form would be **си́ние**.

2 **примечта́лось** – here the meaning is probably *seemed* rather than *dreamed*.

3 **в ча́ще зво́нкой**: *in a resonant thicket*. This kind of phrase is commonly found in Esenin: groves and thickets alive with the sounds of birds and other wildlife.

4 **Ры́жий ме́сяц жеребёнком**
   Запряга́лся в на́ши са́ни.
   The brownish-red moon harnessed into our sledge like a colt (or *foal*). A striking example of Esenin's use of colour (**ры́жий** used of horses: *chestnut*) and his ability to animate traditionally static scenes.

'*О пáшни, пáшни…*'

1 **Колóменская грусть**: *huge sorrow*. Note the term **колóменская верстá** meaning *a mile-* (lit. *a verst-*) *stone*. A verst was a measurement of just over a kilometre. High posts marked off the versts on the highway from Moscow to the village of Kolomenskoe.

2 **Русь** – see Blok's *Двенáдцать*, note 23.

3 **Исáйя**: *Isaiah*. Esenin's interest in religion is understood best as part of his wider fascination with peasant beliefs and values rather than as traditional Christian commitment. Certainly animal and plant worship was prevalent in parts of pre-Christian Russia, and traces of this may also be detected in Esenin.

4 **златóй** – arch. for **золотóй**.

Хулигáн

1 The 'hooligan' theme is to be found in other Esenin poems too, notably *Испове́дь хулигáна* (*A Hooligan's Confession*).

2 **Ивнякóвый помёт** – **Ивня́к** is *osier*, a species of willow, or it may refer to an overgrowth of osier. **Помёт** has two meanings, either *dung* or *a litter* or *brood*. The meaning of the phrase here is apparently *droppings* (i.e. *foliage*) *from the osiers*.

3 **Плю́йся** – *imper.* from **плевáть**: *to spit*. The verb may also be non-reflexive as in the last stanza.

4 The entire second stanza is a good example of the richness of Esenin's imagery blurring his meaning. (See also stanza 5.) A possible translation might be: *I love to see* (?) *blue thickets dirty the tree trunks knee-high, like oxen plodding past, their bellies wheezing with the leaves they have eaten*.

5 **ры́жее** – see '**Ни́вы сжáты…**', note 4. Note the skilful alliteration of hushing sibilants (**ж** and **ш**) in this stanza mingling with the 'open' vowels to evoke a mood of tranquillity and rustic beauty. The workmanship here certainly justifies the poet's boast in the second line of this and the subsequent stanzas.

6 **деревя́нная Русь**: *wooden Russia* (see Blok's *Двенáдцать*, note 23). Esenin uses the term frequently in his verse (in poems such as *Русь*, *Русь уходя́щая*, *Русь совéтская*) to highlight his nostalgia for pre-

Revolutionary Russia. Houses in Russian villages were usually made of wood.

7 **резеда́**: *mignonette*, a whitish-green plant known for its fragrance (*Reseda odorata* in Latin).

8 **Взбре́зжи, по́лночь, луны́ кувши́н**
Зачерпну́ть молока́ берёз!
Possibly: *Shine out, oh midnight, let the jug of the moon ladle milk from the birches!* In parts of Russia the sap of the birch tree is drunk for its curative properties. **Зачерпну́ть** is an infinitive used as an imperative. The subsequent two lines of this stanza and the whole of stanza 6 illustrate Esenin's admiration for the violence of rural Russia, a Russia that can fight back.

9 **Кто вида́л, как в ночи́ кипи́т**
Кипячёных черёмух рать?
*Who has seen a host (**рать**) of frenzied bird-cherry trees seething in the night?* The bird-cherry tree produces thick clusters of white flowers.

10 **увя́л головы́ мое́й куст**: *the bush of my head has withered*. Esenin was much admired for his thick blond hair and his good looks. This stanza records the poet's view that he is obsolete and that his talent is diminishing. Sentiments such as these and Esenin's life-style in general have led some to compare him with the Welsh poet Dylan Thomas (1914–53).

11 **Не сотрёт меня́ кли́чка «поэ́т»**. *The nickname 'poet' will not obliterate me*. The statement in the final line that he too is a hooligan in his songs (i.e. in his verse), not merely identifies Esenin with the unruly natural elements, but is conceivably an admission that on occasions in this poem he places too many demands on Russian syntax and his meaning becomes obscure.

'*Я после́дний поэ́т дере́вни...*'

1 A. B. Mariengof (1897–1962) was one of the founder members of the Imagists. The two men were close at the start of the 1920s, but Esenin broke with him in 1924.

2 **дощат́ый мост**: *a bridge made of planks*. This phrase suggests that Esenin sees himself as a quaint, rustic link between two ages.

3 Note the religious terminology: **обе́дня**, *mass*, and **кади́ть**, *to burn incense*. See '*О па́шни, па́шни...*', note 3.

4 **Из теле́сного во́ска свеча́**: *a wax candle the colour of flesh*.
5 **желе́зный гость** – i.e. a tractor.
6 **Не живы́е, чужи́е ладо́ни,**
   Э́тим пе́сням при вас не жить!
   Not human (lit. *living*), *but alien hands* (lit. *palms*), *these songs* (i.e. Esenin's verses) *cannot live in your presence*.
7 **коло́сья-ко́ни**: *ears of corn as high as horses*. Esenin extends the image in the next stanza with the use of the word **ржа́нье**, thus giving life, movement and sound to what would normally be inanimate.

'*Не жале́ю, не зову́, не пла́чу…*'

1 Esenin said that this poem was inspired by one of the lyrical digressions in Gogol's novel *Dead Souls*. It seems highly likely that the passage in question is the opening section of Chapter 6 which contains the words: **О моя́ ю́ность! о моя́ све́жесть!** *O, my youth! Oh, my freshness!*
2 **Си́тец** is cotton or calico with a simple printed design on it. The birch tree figures very commonly in Russian folk-songs and sayings. Here the birches remind Esenin of cotton print.
3 **Будь же ты вове́к благослове́нно,**
   Что пришло́ процве́сть и умере́ть.
   Possibly: *You that came to flourish and to die, be forever blessed*.

Русь сове́тская

1 A. M. Sakharov was a life-long publishing friend of Esenin. They were together when the poet revisited his native village of Konstantinovo in May 1924.
2 **во́семь лет** – Esenin's biographer Gordon McVay states that Esenin had been absent for 'over two years' from his native village. The period of eight years, however, encompasses the whole revolutionary era; the 'hurricane' of war, revolution, civil war and initial reconstruction.
3 **С крыло́м еди́нственным — стои́т, глаза́ смежи́в**. Presumably all but one of the sails on the windmill have fallen off and the windows are boarded up.
4 **Бог весть с како́й далёкой стороны́**. *God only knows from what far-*

off quarter. **Весть** as a finite verb (not to be confused with the noun **весть** meaning *a piece of news*) is found in certain colloquial expressions.

5 **граждани́н села́**: *citizen of a village*. The phrase is almost as much a contradiction as the title of the poem.

6 **пии́т** – arch.: *poet*. The use of the word here is slightly ironic, expressing Esenin's view that he is obsolete.

7 **Како́й я стал смешно́й** – see Blok's *Двена́дцать*, note 20.

8 **Воскре́сные селча́не**: *villagers in their Sunday best*.

9 **У во́лости**. The volost was an administrative unit which existed in pre-Revolutionary Russia and survived until 1930. The phrase might be translated as *at the local council office*.

10 **«жись»** – *dial*. for **жизнь**: *life*.

11 **И но́ги бо́сые, как тёлки под воро́та,**
Уткну́ли по кана́вам тополя́.
And the poplar trees have sunk their bare feet along the ditches like heifers at the gate. Some Soviet texts mark the stress on **бо́сые** as here; the usual stress would be **босы́е**.

12 **Будённо́м … Переко́п**. S. M. Budenny (1883–1973) was commander of the Bolshevik First Cavalry. The isthmus of Perekop leading from the Ukraine into the Crimea was the last stronghold of the White Army. Once the Bolsheviks had taken it in November 1920 the Civil War was quickly brought to an end.

13 **«Уж мы его́- и э́так и раз-э́так, —**
Буржу́я э́нтого … кото́рого … в Крыму́ …»
We really gave it to him, time and again, that bourgeois in the Crimea. The dialect and poor grammar reflect the illiteracy of the ex-Red Army man.

14 **ная́ривая рья́но** – *dial*.: *playing with abandon, raising the roof*.

15 Demyan Bedny was the pseudonym of Efim Pridvorov (1883–1945), a satirical writer who enjoyed great popularity for his witty propaganda jingles in the 1920s.

16 **Како́го … рожна́** – *dial*.: *for what reason, why*.

17 **Прие́млю** – variation on **принима́ю**: *I accept*.

18 **октябрю́ и ма́ю**: *to October and May* (i.e. *to the October Revolution and to May Day, Labour Day*).

19 **Шесту́ю часть земли́**. It has been a commonplace boast that the Soviet Union covers approximately one-sixth of the earth's land surface.

Чёрный человек

1 Dostoevsky's *Записки из подполья* (*Notes from Underground*) of 1864, a work which the Soviet establishment has the utmost difficulty in assimilating to its own 'scientific' and 'rationalist' philosophy, begins **«Я человек больной . . . я злой человек»**.

2 **То ли . . . То ль**: *whether . . . or whether*.

3 **Ей на шее ноги**
   Маячить больше невмочь.
   Possibly: *It (my head) is no longer capable of holding itself up on my neck*.

4 A reference to Isadora Duncan – see biographical note on Esenin.

5 **Ты ведь не на службе**
   Живёшь водолазовой.
   You're not living by deep sea diving.

6 **Сыпучей и мягкой извёсткой**: *with crumbling and soft lime*, i.e. *with snow*.

7 During and after his trip to the West Esenin frequently played the dandy, having abandoned his peasant dress. He often wore black. One night he was seen wearing a top-hat and a long cloak, and he explained: 'I want to look like Pushkin, the best poet in the world.'

8 **Что же нужно ещё**
   Напоённому дрёмой мирику?
   What else does a little world drunk on drowsiness need? **Дрёма** can also be **дрема**.

9 **курсистка** – a student at a pre-Revolutionary high school for girls.

10 Kaluga is about 100 miles south-west of Moscow; Ryazan is about 130 miles south-east of Moscow, in the region where Esenin came from.

11 See *Хулиган*, note 10.

12 The stories are legion of Esenin breaking windows, mirrors, crockery, furniture etc. when drunk.

'До свиданья, друг мой . . .'

1 This poem was Esenin's last work. He complained that he could find no ink in his room (at the Angleterre Hotel in Leningrad) so he cut his arm and wrote the poem in blood. Hours later he hanged himself.

Vladimir Vladimirovich Mayakovsky

Необыча́йное приключе́ние бы́вшее с Влади́миром Маяко́вским ле́том на да́че

1 Pushkino was a dacha resort just outside Moscow. Rumyantsev was the owner of the dacha where Mayakovsky was living. Akulova gora (lit. *Shark's Mountain*) was the upper part of the village, where, presumably, one would have a good view of the sun rising and setting.

2 The poem was written between June and July 1920.

3 **Слазь!** – The standard form would be **слеза́й** *climb down!*

4 **пе́кло** – The word has two meanings: *scorching heat*, or *hell*. The standard word for *hell* is **ад**. A pun is intended here.

5 **зане́жен** – an example of Mayakovsky's penchant for neologisms. The verb **не́житься** means *to bask*, *pamper oneself, idle*.

6 **а тут — не знай ни зим, ни лет,**
   сиди́, рису́й плака́ты!
   But down here, not knowing either winters or summers, try sitting and painting posters. Mayakovsky was engaged in this work at the time this poem was written. He travelled into ROSTA (see note 15) every day from Pushkino.

7 **златоло́бо**: (lit. *golden-brow*) but perhaps a derogatory rendition would be more appropriate here: *hey, golden bonce!*

8 **заходи́ть** . . . – a play on words: **заходи́ть** is either *to set* (of the sun) or *to drop in on* (*someone*).

9 **ретиру́юсь**: *I back off*. **Ретирова́ться** meaning *to retreat* is obsolete (the modern equivalent would be **отступа́ть**). However, the verb is still used colloquially meaning *to clear off*, *make oneself scarce*. Mayakovsky's use of the word with **за́дом** (*rear end first*) makes for a comic spectacle.

10 **Чай гони́,**
   гони́, поэ́т, варе́нье!
   Another pun. **Гоня́ть чай** (note the use of the pl. of **чай** here) means *to drink cup after cup of tea*, whereas **гони́ варе́нье** means *get the jam*. **Варе́нье** is more precisely *fruit preserve* rather than *jam*. It is usually eaten by the teaspoonful in Russia in between sips of unsweetened tea.

11 **но я ему́** – probably the verb **пока́зывать** is understood here: *I indicated to him* (*to come to the samovar*).

119

12 **Чёрт дёрнул дéрзости мой**
  орáть емý, —
  The devil gave me the cheek to yell at him. **Дéрзость** can be found in the
  plural in phrases like **говорúть дéрзости**.

13 **боюсь — не вышло б хýже!** *I was afraid lest things got worse!*

14 **ясь** – a neologism (cf. **ясный**, *clear*); here *light*, *brightness*.

15 **что-дé заéла Рóста** – **де** is an abbreviation of **дéскать**, a colloquialism
  attributing an utterance to another speaker. **Заедáть**, **заéсть**: *to wear
  out*, *get one down*. The acronym ROSTA stands for **Россúйское
  Телегрáфное Агéнство**. At its most active during the Civil War,
  ROSTA disseminated information and propaganda, and is best
  remembered for the thousands of colourful posters on topical themes
  with which it adorned the vacated shop windows of Moscow. There were
  branches in other towns of Russia, the most important being in
  Petrograd. ROSTA was superseded in 1925 by TASS (**Телегрáфное
  Агéнство Совéтского Союза**).

16 **А вот идёшь**,
  взялóсь идтú,
  You just go along, just like that (or *wherever you like*).

17 **и свéтишь в óба!**: *and you shine your head off!*

18 **На «ты»**: *on friendly, first name terms*.

19 **взорúм** – a punning neologism apparently based on **взор** (a *look*,
  glance) and **заря** (*dawn*): *let's start shining*.

20 **под солнц двуствóлкой пáла**: *fell down beneath the onslaught from
  the suns' double-barrelled gun* (i.e. of Mayakovsky and the sun proper).

21 **во что попáло**: *like anything*, *like blazes*.

22 **сóнница** – neologism, *the sleepy-head*. A pun with **сóлнце** (*sun*) could
  also be intended here.

23 **во всю светáю мочь**: *I shine with all my might*.

24 **дóнца** – *G* of **дóнце**, dim. of **дно** *bottom*. The line could be translated as
  for ever and a day.

Сергéю Есéнину

1 **В гóрле**
  гóре кóмом —
  не смешóк.
  Grief, like a lump in the throat, is no laughing matter.

2 **взрéзанной рукóй помéшкав**: *having put it off by just cutting your
  arm*. See the note to Esenin's '*До свидáнья, друг мой . . .*'.

3 **Дать**: *Are you going to allow.*

4 **загибáть умéли**: *you knew how to overdo it.*

5 **Недоумéнье смя́ло**: (lit. *Incomprehension has crumpled one.*) *The mind boggles.*

6 **то да сё . . .**: *it was because of one thing and another.*

7 **смы́чки мáло**: *there was so little contact* (i.e. between Esenin and the masses).

8 **заменить бы вам**
   богéму
     клáссом,

you ought to have replaced Bohemian life with a (*working*) *class consciousness.*

9 **Ну, а класс-то**
   жáжду
     заливáет квáсом?

And does the working class quench its thirst with kvas? An ironic question, since kvas is virtually non-alcoholic.

10 **Класс — он тоже**
   вы́пить не дурáк.
The working class too is no fool when it comes to drinking.

11 **к вам пристáвить бы**
   когó из напостóв —

they should have appointed one of the On Guard group to supervise you. In 1922 a literary group 'Oktyabr' was founded and in 1923 it published its own journal called *На посту* (*On Guard*). The On-Guardists were militant advocates of 'proletarian art'. For them the socialist content of a literary work (as opposed to its form) was all important. Hence the subsequent lines: *then you would have become more gifted as regards your content.*

12 Ivan Doronin (1900–78). Mayakovsky is thinking of Doronin's very long poem of 1925, *Трáкторный пáхарь*, *Tractor ploughman.*

13 **ни петля́** – see the note to Esenin's '*До свидáнья, друг мой . . .*'.

14 **Сóбинов . . .** Leonid Sobinov (1872–1934), a famous tenor who often sang the leading role in Wagner's opera *Lohengrin*. Sobinov performed at a concert in January 1926 in memory of Esenin, singing a piece by Tchaikovsky with words by the poet Pleshcheev including the phrase "**ни слóва, о мой друг**". He also sang poems by Esenin that had been set to music. Mayakovsky was revolted by the sentimentality of the occasion, not least by the back-drop of weeping birch trees.

15 **в ба́бушку**
    и в бо́га ду́шу мать!
An untranslatable obscenity, which might be bowdlerized as *and stuff the lot of them!*

16 **Ко́ган** – P. S. Kogan (1872–1932), Marxist critic and staunch anti-Formalist. He wrote several articles on Esenin.

17 Compare these closing lines with the last two lines of Esenin's '*До свида́нья, друг мой . . .*'.

Во весь го́лос

1 This work was conceived as an introduction to a much longer epic poem about the first five-year plan.

2 **г . . .** – i.e. **говне́**. **Говно́**: *shit*.

3 **Жил-де** – see *Необыча́йное приключе́ние*, note 15.

4 The posters and jingles that Mayakovsky produced for ROSTA included some urging people to boil their water before drinking it.

5 **Засади́ла са́дик . . .** – these lines, from a popular *chastushka* (see Blok's *Двена́дцать*, note 24) of the time, have been appropriately rendered by the English nursery rhyme 'Mary, Mary, quite contrary . . .'.

6 K. Mitreikin (1905–34) and A. Kudreiko (1907–?) were minor Soviet poets.

7 **Нет на про́рву каранти́на** – **Про́рва**: coll. *masses of*, *a heap of*. It also means someone who consumes a lot: *a glutton*, *greedy guts*. A possible translation here might be: *there's no stopping all this stuff* (i.e. all the second-rate poets and their work).

8 **мандоли́нят** – a neologism: *they play the mandoline*.

9 **«Тара-ти́на, тара-ти́на,**
    т-эи-н . . .»
From the poem *Цыга́нский вальс на гита́ре* (*Gipsy Waltz on a Guitar*) by Ilya Selvinsky (1899–1968).

10 **б . . .** – i.e. **блядь**, an obscenity meaning *tart* or *whore*, but commonly used by Russians as an expletive.

11 **пе́сенно-есе́ненный прови́тязь**: *a melodious Esenin-type warrior*.

12 **не как стрела́**
    в аму́рно-ли́ровой охо́те
not like an arrow fired by Cupid, complete with his lyre, when out hunting.

13 **ушку́ деви́ческому**...

...**тро́нуту**.

the maidenly ear in its ringlets should not turn scarlet when touched by semi-obscenity. **Тро́нуту** is apparently a neologistic short form dative.

14 **рвану́ться в ги́ке**: *to charge giving a battle-cry*. Note the extensive use of military metaphors here, very typical of Mayakovsky.

15 **не по Ге́гелю**: *not according to Hegel*. Georg Hegel (1770–1851), German idealist philosopher, precursor of Marx. The point here seems to be that Mayakovsky and his fellow revolutionaries learnt their revolutionary ideas from experience and not from books.

16 **Мне наплева́ть** – a common phrase: *I couldn't give a damn for*...

17 **Ле́та**: *Lethe*, the river of forgetfulness in Greek mythology.

18 Since its inception the Soviet state has been painfully aware of capitalist encirclement. During the Civil War several key ports were blockaded. Mayakovsky did not live long enough to see the most horrific blockade of all, that of Leningrad in the Second World War.

19 **шерша́вым языко́м плака́та** – a further allusion to Mayakovsky's work for ROSTA. See *Необыча́йное приключе́ние*, notes 6 and 15.

20 **С хвосто́м годо́в**...

...**хвоста́тых**.

As the years go by (lit. *with the tail of the years*) *I come to resemble those fossilized monsters with tails* (i.e. dinosaurs). **Годо́в** as the *G pl.* of **год** is restricted in use. The more common *G pl.* is **лет**. Note Mayakovsky's growing sense of his own obsolescence.

21 **по пятиле́тке**: *through the five-year plan*. The first five-year plan began in October 1928 and was deemed completed, ahead of schedule, at the end of 1932.

22 **краснодере́вщики**...: *the carpenters* (lit. *mahogany workers*) *have not sent any furniture to my house*. Mahogany furniture was expensive, and a status symbol for any aspiring bureaucrat, literary or otherwise.

23 **Це Ка Ка** – **Центра́льная Контро́льная Коми́ссия** (*Central Control Commission*) – this was attached to the Central Committee (**Центра́льный Комите́т**) and in practice came to ensure that the General Secretary of the Communist Party maintained a tight grip on the Party in vetting Party members.

24 **как большеви́стский партбиле́т**: *as my Bolshevik Party membership card*. In adult life Mayakovsky never formally joined the Bolshevik Party.

Notes

Boris Leonidovich Pasternak

'*Сестра́ моя́ — жизнь* ...'

1 **Сестра́ моя́ — жизнь**. These words contribute to the full title of Pasternak's collection '*My Sister Life*': *The Summer of 1917*, poems which capture the general atmosphere of hope and excitement that followed the February Revolution. The words here are rich in connotations: Henry Gifford recalls Wordsworth's address to his sister Dorothy in *Tintern Abbey* and also notes that *Doktor Zhivago* is about 'the brother of life'.

2 **Брело́к** is usually a charm or trinket, but most commentators and translators agree that the meaning here is *monocle*. Note the repetition of **б, в, з, ж** in the last two lines of this stanza, adding a slightly jocular, censorious touch.

3 **в грóзу** – the usual *A sing.* stress is **грозу́**.

4 **резедóй** – see Esenin's *Хулига́н*, note 7.

5 **Камы́шинской вéткой** – the branch line from Tambov to Kamyshin. The instrumental here means *along*.

6 **И в трéтий** ... **звонóчек** – a bell would ring three times to warn passengers that the train was about to depart.

7 **фáта-моргáной**: *like Fata Morgana* (a kind of mirage often seen in the Strait of Messina).

На ра́нних поезда́х

1 The title also serves for the whole cycle which was published in book form in 1943. This poem records Pasternak's frequent trips between his dacha in the writers' colony at Peredelkino and Moscow.

2 **нóмер сóрок**,
   ... **на шесть два́дцать пять**.
   The mail-van or a number 40 (bus) ... *the 6.25 (a.m.) train* (to Moscow).

124

Стáрый парк

1 The poem is about the military hospital at Peredelkino which was situated in Samarin park (see note 6) and about a descendent of Yu. Samarin who was injured in battle and treated there.
2 **с дерёв**: *from the trees*. The usual *G pl*. is **дерéвьев**.
3 **стёкла пéрвых рам**: *the panes of glass in the inner frames*. Most Russian buildings have windows with double frames as an additional protection against the cold.
4 By the late autumn of 1941 the Germans were on the outskirts of Moscow.
5 Napoleon Bonaparte (1769–1821). He entered Moscow in September 1812 and was forced to retreat a few weeks later as winter set in.
6 Yu. Samarin (1819–76) was a prominent Slavophile and man of letters. Pasternak knew his great-nephew Dmitry from his student days.
7 In December 1825 there was an attempted coup against the new Tsar, Nicholas I. The conspirators (the 'Decembrists') were quickly defeated and punished. Prince S. Trubetskoi (1760–1860) was one of the Decembrist leaders exiled to Siberia. His wife, Ekaterina, was the first of the courageous 'Decembrist wives' to choose to join her husband. Nikolai Trubetskoi (1890–1938) studied with Pasternak and Samarin, and went on to become one of Russia's most eminent philologists.

Nikolai Trubetskoi's father was a professor, and his uncle was rector of Moscow University. Pasternak was impressed by their guttural voices and remarkable lectures. It is just possible that a complex pun may be intended here. No doubt Pasternak's contemporary fired at crows from a **монтекрúсто** (a small calibre gun). But **ворóна** (lit. *crow*) can also mean colloquially *someone who gapes* or *does not pay attention*. Thus this whole stanza could refer to various members of the Trubetskoi family: Nikolai, who 'mastered Latin', and his older relatives, who 'beat' (i.e. impressed) the inattentive students, 'from Montecristo' (i.e. with their minds on romantic adventures).

Тáмлет

1 From *Doktor Zhivago*. Pasternak, who translated Shakespeare's play, wrote: '*Hamlet* is not a drama of weakness, but of duty and self-denial . . .

What is important is that chance has allotted to Hamlet the role of judge of his own time and servant of the future.'

2 **а́вва о́тче** ... *O Abba, Father, take away this cup from me*. 'Abba' is the Aramaic for 'Father'. These words are similar to Christ's words spoken in the Garden of Gethsemane (Mark 14: 36).

3 **всё то́нет в фарисе́йстве**: *all is drowning in Pharisaism*, i.e. in hypocrisy, self-righteousness.

4 **Жизнь прожи́ть — не по́ле перейти́**. *Life is not a walk across a field*. This is a Russian proverb.

Март

1 From *Doktor Zhivago*. Note Pasternak's general delight in all the seasons of the year. The vitality and energy of this poem contrast with the solemnity of *Га́млет*.

2 **до седьмо́го по́та**: *until (everything) is soaked in sweat*.

3 **зу́бья вил** – **зу́бья** is the pl. for 'teeth or prongs of things', **зу́бы** for 'human or animal teeth'.

На Страстно́й

1 From *Doktor Zhivago*. The title means *In Holy Week*. Easter is the most important event in the Russian Orthodox calendar. Note the use of capital letters in this poem. Usually religious terms (especially the word for 'God') are spelt with small letters in Soviet texts.

  Some knowledge of the Orthodox ritual is necessary for an appreciation of this poem. There are ceremonies every day throughout Easter Week. They can vary but usually there is a procession (**кре́стный ход**) each day. The church bells are rung frequently (see stanza 3). On Good Friday the procession takes the shroud (**плащани́ца**) around the church, symbolizing the burial of Christ (stanzas 7 and 8). Members of the congregation light their candles from the priest's when he comes through the 'royal gate' (see note 4), sometimes taking them away to relight the candles by their own icons at home. On the night of Easter Saturday the procession goes round the church in a symbolic search for Christ's body. Just before midnight Saturday to Sunday the mood of solemnity is at its most intense, with the church in darkness and only the priest's candle burning. At midnight the priest intones **Христо́с воскре́се!** (Christ is risen!) and the congregation responds **Вои́стину воскре́се!** (Risen indeed!). The congregation light their candles from the priest's and from each others'. Now the mood is one of exultation; the singing continues all day Easter Sunday and the faithful greet each other: Christ is risen! Risen indeed!

2 **голы́м-гола́**: (*is*) *stark naked*.
3 **И на Страстя́х Христо́вых**: *And during Christ's Passion*.
4 **у ца́рских врат**: *at the royal gate*. In a Russian Orthodox church there is a gate in the screen which divides the altar from the nave.
5 **И всё до ни́тки ро́здал**: *And gave everything away to the last thread*. **Разда́л** is the usual form.
6 **Псалты́рь и́ли апо́стол**: *the Psalms or the Acts of the Apostles*.
7 **Распого́дь** is most likely an imperative here of a verb meaning *to clear* (of weather), but it can also be a dialect noun: *fine weather*.

Зи́мняя ночь

1 From *Doktor Zhivago*. Yury Zhivago sees a candle burning in Pasha's window when he drives to the Sventitsky's party with Tonya. The image is a recurrent one in the novel. The overall impression created is that of a love-affair which is ultimately doomed.
2 Many critics have commented, sometimes disparagingly, on the abundance of coincidences in *Doktor Zhivago*.

Когда́ разгуля́ется

1 Again, this title serves also for a collection of Pasternak's poems, his last.
2 **схи́мники** – monks in the Russian Orthodox Church who have taken the vows of the 'schema', the highest and most demanding degree of monasticism.

'Быть знамени́тым некраси́во . . .'

1 It is worth noting that this poem was written before *Doktor Zhivago* made Pasternak world famous.

127

2 **Отчёркивая на поля́х**: *noting in the margins*.
3 **за пя́дью пядь** – **пядь** is lit. *the span of one's hand*, here *step by step*.
4 **до́лькой** – **до́лька** is a segment (e.g. of an orange), here *not a jot, not an inch*. This stanza is an excellent example of Pasternak's use of simple, familiar terms to express a profound idea. The repetition of **живы́м** recalls the main ideas of Pasternak's novel about 'Dr Life'.

Anna Andreevna Akhmatova

Тво́рчество

1 From the cycle *Та́йны ремесла́* (*Secrets of the Craft*). The Acmeists had a special notion of what was involved in verse composition. Mandelshtam nearly always composed in his head and dictated the finished article to his wife. Nadezhda Mandelshtam records that when *Poem Without a Hero* was running through her mind, Akhmatova 'was ready to try anything just to get rid of it, even rushing to do her washing. But nothing helped. At some point words formed behind the musical phrase and then the lips began to move.'

В сороково́м году́

1 The Germans marched into Paris on 14 June 1940.
2 Shakespeare wrote ten history plays and thirteen tragedies.
3 **Соло́минкой тебя́ назва́л поэ́т**. Mandelshtam's poem *Соло́минка* (*The Straw*) is about the famous Petersburg beauty Salomeya Nikolaevna Andronikova (Princess Halpern). The epigraph is taken from a rough draft of this poem. Salomeya, nicknamed affectionately 'Solominka', was a close friend of Akhmatova. She settled in London after the Revolution, and Akhmatova visited her in her Chelsea home in 1965.
4 **Дарья́льских глаз**: *of Caucasian eyes*. The adjective is derived from the Daryal Gorge in the Caucasus. Similar phrases are found in the work of Mikhail Lermontov (1814–41). Princess Halpern was from the Caucasus.
5 **Флобе́р** – Gustave Flaubert (1821–80), French novelist, who, like the

Acmeists, was noted for his close attention to style. However, Akhmatova's words here are also a deliberate distortion of the opening of a poem by Mandelshtam of 1915: **Бессóнница. Гомéр** ... The inverted word order and the substitution of 'Flaubert' for 'Homer' contribute to a sense of foreboding, that 'things have gone wrong'.

6 **красáвицу тринáдцатого гóда**: *the beauty of 1913*, i.e. of the last year before Russia came to know what Akhmatova called the 'Real Twentieth Century' (see Introduction, p. xxiii).

7 **в домá опустéлые** – see below, *Рéквием*, note 17.

Рéквием

1 **ежóвщины**: *of the Yezhovshchina*. The ending '-shchina' is frequently pejorative. From 1936 to 1938 N. I. Yezhov was head of the Security Service, the NKVD as it was called from 1934 to 1943 (now the KGB). He presided over the worst excesses of the purges before disappearing himself, presumably liquidated. 1937 is usually regarded as the worst year of Stalin's terror.

2 The women queued outside the prisons either to learn the fate of their menfolk or to hand in parcels for them.

3 Unlike many of her contemporaries, Akhmatova did not emigrate after the Revolution, but stayed in Russia to share the fate of her people.

4 **Невá** – the river Neva in Leningrad. Here one might recall how the theme of the northern capital recurs in Russian literature: Petersburg symbolizes the autocrat's will.

5 **Русь** – see Blok's *Двенáдцать*, note 23.

6 This refers to the arrest in 1935 of Nikolai Punin, Akhmatova's common-law husband.

7 **как на вы́носе** – i.e. when a dead body is carried from a house.

8 **У божни́цы свечá оплылá**: *by the icon shelf the candle guttered*.

9 **как стрелéцкие жёнки**: *like the Streltsy wives*. In 1698, while Peter the Great was on his grand tour of Europe, the Streltsy guards rebelled. On his return Peter ordered and was personally involved in their torture and execution. Their wives pleaded for them outside the walls of the Kremlin.

10 **Муж в моги́ле, сын в тюрьмé** – Akhmatova's first husband, the poet Nikolai Gumilev, was shot in 1921. Her son was arrested along with Nikolai Punin in 1935.

129

11 ... **насме́шнице**
   И люби́мице ...
   These lines refer to Akhmatova's early years spent in Tsarskoe Selo (now Pushkin) near St Petersburg. Here she fell in love with Gumilev. She was born on the Black Sea near Odessa and subsequently spent many summers there.

12 **Под Креста́ми**: *beneath* (*the walls of*) *the Kresty prison* (*in Leningrad*). Given the wealth of religious imagery in this work, one should not overlook the ironical religious connotations of the name.

13 In 1935 Akhmatova appealed directly to Stalin for the release of her son and Punin. They were were released – temporarily. In 1950 she published poems in praise of Stalin in order to save her son after his third arrest.

14 The relationship between mother and son was always a difficult one.

15 'White Nights' refers to that time of year in the far northern and southern hemispheres when the sun barely sinks below the horizon. In Leningrad the white nights last from 11 June to 2 July.

16 Note how Akhmatova identifies her son with Christ, and, by extension, herself with Mary.

17 This line recalls a passage in Pushkin's *Evgenii Onegin* (Chapter VI, stanza 32) when Lensky is killed and likened to a deserted house. The images of domestic grief and violated privacy in this and the subsequent stanza are highlighted by the poet recording the place of their composition. For many years, Akhmatova lived in a room in Fonntanny Dom, a substantial residence on the Fontanka canal in Leningrad.

18 **верх ша́пки голубо́й**: *over the blue cap* (the uniform of the NKVD officers).

19 **Енисе́й** – the Yenisei, one of the great rivers of Siberia.

20 **«Не рыда́й Мене́**, **Ма́ти**,
   во гро́бе су́щу»
   Do not weep for me, Mother, in the grave I shall exist. From the Russian Orthodox liturgy which is sung on Good Friday. Here Akhmatova is possibly identifying both with Christ's mother and with Mary Magdalene (see *John* xix, 25).

21 **«Почто́ Меня́ оста́вил!»** – Christ's words on the cross: 'Why hast thou forsaken me!' (see *Matthew* xxvii, 46).

22 The 'disciple whom Jesus loved' is generally presumed to be John, though there is no textual evidence for this (see *John* xiii, 23).

23 Note the mingling of biblical images in this part.

130

24 **Под кра́сной осле́пшей стено́й**: *Beneath the red wall that has gone blind*. Though this refers specifically to the queuing outside the Kresty prison, one should perhaps note the broader implication, that the red walls of the Kremlin are blind to the suffering of the people.

25 **«Сюда́ прихожу́, как домо́й»**. *I come here so often it's like coming home*.

26 **Да о́тняли спи́сок, и не́где узна́ть**. *But they've taken the list away, and there's nowhere to find out*. At the height of the purges this was literally true of those arrested – those who had made out lists of prisoners were themselves liquidated. Pasternak's heroine in *Doktor Zhivago*, Lara, 'died or vanished somewhere, forgotten as a nameless number on a list which was afterwards mislaid, in one of the innumerable mixed or women's concentration camps in the north'.

27 **Ни о́коло мо́ря** – see note 11.

28 **у заве́тного пня**: *by the cherished stump*, a reference to her first husband, cut down in his prime. One should also note the implied reference to Pushkin, who had studied at the lycée in Tsarskoe Selo and also met a premature, violent death. There may be an oblique reference to Pushkin's poem *Ме́дный вса́дник* (*The Bronze Horseman*) in the penultimate couplet.

29 **И вы́ла стару́ха**: *And an old woman howled*. Sometimes prisoners' wives were told, when they did manage to get to the head of the queue, that their menfolk were 'imprisoned without the right of correspondence'. Relatives quickly learnt what this really meant – that their menfolk were dead.

30 **И го́лубь тюре́мный пусть гу́лит вдали́**: *And may the prison dove coo in the distance*. **Гу́лить** (used especially of doves) is 'to soothe' or 'to distract' with the voice.

31 *Rekviem* is a carefully structured work: note in these closing couplets the references back to the black Marias, or to the dove (a symbol of peace) contrasting with earlier images of violence; and the ships, which now sail on the Neva, when at the beginning of the poem the river did not flow.

Evgeny Aleksandrovich Evtushenko

Та́йны

1 **Нетаи́нственно до оби́ды**: *Unmysterious to the point of giving offence*.

131

Notes

Бáбий Яр

1 When Evtushenko wrote this poem there was no monument to the victims of the Nazi atrocities at Babii Yar. However, a granite obelisk of commemoration was erected in 1966.

2 **иудéй** – here perhaps no more than a synonym for **еврéй** (a Jew), but the word's connotations are usually more religious than ethnic.

3 **Дрéйфус** – Alfred Dreyfus (1859–1935), a French army officer and a Jew, who in 1894 was wrongly accused of treason. The writer Emile Zola defended him in a famous article 'J'accuse'. The 'Dreyfus affair' highlighted the anti-Semitism in certain circles in France and especially in the French press. Dreyfus was finally acquitted in 1906.

4 **в Белостóке** Belostok (Białystok), now in Poland, was within the Russian Empire before 1914. In 1906 it was the scene of a notorious pogrom against Jews. Much of the Jewish population was also exterminated when the city was under Nazi occupation.

5 **погрóмщиков**: *the pogrom-makers*.

6 «**Бей жидóв, спасáй Россúю!**» '*Beat up the yids, save Russia!*' – a slogan of extreme Russian nationalists, heard at the turn of the century and particularly in 1905. See below, note 7.

7 **Союз рýсского нарóда** – The Union of the Russian People, also known as The Black Hundreds (**Чёрные сóтни**), who came to prominence during the 1905 Revolution. An extreme right-wing organization, its thugs conducted pogroms against Jews with tacit government support.

8 **Áнна Франк** – Anne Frank (1929–45). Jewish girl who died in the Bergen-Belsen concentration camp, and whose diary was subsequently discovered and published in over thirty languages. In it she gives a moving account of how, between 1942 and 1944, she and her family in Amsterdam hid from the Nazis in a back room, until the Gestapo discovered them.

9 **ледохóд**: *ice-floe* or *breaking ice*. The image is particularly appropriate given that this poem is very much a product of the 'thaw' that followed Stalin's death.

10 **над тысячами тысяч погребённых**. Between 50,000 and 70,000 people were massacred at Babii Yar in September 1941, and thousands more in subsequent years until the Germans retreated in 1943.

132

Насле́дники Ста́лина

1 **ряза́нских и ку́рских моло́деньких
   новобра́нцев,**
   the new recruits from Ryazan and Kursk. Ryazan is a city about
   130 miles south-east of Moscow. Kursk is a city about 300 miles south
   of Moscow, scene of a famous tank battle in the Second World War.

2 **набра́ться для вы́лазки сил**: *to gather his strength for a sortie.*

3 **Я речь не … веду́**: *I'm not talking about …*

4 **… Туркси́б,
   и Магни́тка,**
   Turksib is an acronym for the Turkestan–Siberia railway built during the
   first five-year plan to link the Central Asian republics with Siberia.
   Магни́тка refers to Magnitogorsk, a huge industrial centre also
   developed during the first five-year plan.

5 **и флаг над Берли́ном**: *the Soviet flag flying over Berlin*, i.e. the Soviet
   victory over Nazi Germany in 1945.

6 **В зако́нах борьбы́ умудрён**: *skilled in the laws of struggle.* This
   officially sponsored view of Stalin as a great military leader ignores the
   crushing defeats inflicted on the Russians in 1941.

7 **Энве́ру Ходжа́**: *to Enver Hoxha.* Enver Hoxha (1908–85) was the first
   communist ruler of Albania. A militant Stalinist, he switched allegiance
   from the Soviet Union to China in 1960 in the wake of Khrushchev's de-
   Stalinization policies.

8 After Stalin's death hundreds of thousands of prisoners were released.
   By the early 1960s poetry readings by Evtushenko and others were
   causing the Lenin Sports Stadium to be filled to capacity. (The capacity
   of the 'large' grand stand is over 100,000, and the 'smaller' stand
   14,000).

Кра́деные я́блоки

1 **стра́шно-престра́шно**: *really scary.* This is a fairly common formula-
   tion with a colloquial touch.

2 **мона́хиня-да́ча**: *the nun-like dacha.* This combination is particularly
   irreverent, considering what the young couple are doing.

3 **и я́блоками — в девя́тку**: *and the apples went straight at no. 9* (i.e. the centre forward).

4 **«и не понаро́шке . . .»** – *coll.: and no messing around, for real*.

5 **оста́нусь с разби́тым коры́том.** (lit. *I'd be left with a broken trough*), a set phrase meaning *Back to square one, I'd be no better off than when I started*.

'Москва́ пове́рила мои́м слеза́м . . .'

1 **И. Гу́тчину** – Izrael Borisovich Gutchin, veteran of Second World War and cybernetician who helped Evtushenko with his photography. In return Evtushenko offered to dedicate any poem to him and he chose this one.

2 The first line, which is also the refrain of this poem, is based on the saying **Москва́ слеза́м не ве́рит**, *Moscow does not believe tears*, i.e. Moscow is hard-hearted. Evtushenko may have been thinking of the film of the same name made the year he wrote this poem.

3 **ка́рточный сеза́м**: *the ration card treasure trove*. **Сеза́м** as in 'Open, Sesame!' in the story 'Ali Baba and the Forty Thieves'.

4 **«не сболтни́!»**: *keep it quiet, keep mum*.

5 **кирза́** – waterproof, imitation leather boots, the very opposite of feminine *chic*.

6 **мезозо́й**: *the Mesozoic era*, i.e. very long ago.

Andrei Andreevich Voznesensky

Го́йя

1 **Го́йя** – Francisco José de Goya (1746–1828), Spanish artist whose works reflected contemporary historical upheavals. Voznesensky's father carried a small book of Goya reproductions with him during the Second World War, and these had a great effect on the poet.

2 In 1605, on the death of Boris Godunov, the first false Dmitry, with Polish backing, was proclaimed tsar. A year later he was deposed and killed, his body burned and the ashes fired from a cannon back towards the west, whence he had come.

Последняя электричка

1 **с фи́нками**: *with Finnish knives*. A 'Finnish knife' has a short, thick blade.

2 **ме́жду тене́й плечи́стых**: *amid the thick-set shadows* (i.e. the shadows of the thick-set lads). **Ме́жду** usually takes the instrumental case.

3 **На чёрта им** ...? *Don't they give a damn about* ... ?

4 **Таки́м, как э́та** ... *To people like them, they* (i.e. the girl and the rhymes) *are no better than this girl here with the hair-do and make-up a centimetre thick*.

5 **всю дактилоскопи́ю**
мала́ховских ребя́т.
all the fingerprints of the boys/lads from Malakhovka. Malakhovka is a Moscow suburb with a reputation for disorderly behaviour. In 1959 it was the scene of anti-Semitic violence.

6 **нецензу́рно**: *in an uncensored way*, but the word is more common in Russian than this translation suggests. **Выража́ться нецензу́рно** for example, means *to use bad language*, *to swear*.

7 **Беатри́че** – Beatrice, the lady to whom the great Italian poet Dante Alighieri (1265–1321) dedicated his life and work.

Параболи́ческая балла́да

1 **Гоге́н** – Paul Gauguin (1848–1903), Post-Impressionist French painter who, protesting at Western civilization, gave up a lucrative career in commerce and lived from 1891 around the South Pacific. He painted 'natural' scenes and championed the natives against the authorities.

2 **дал**
кругаля́ че́рез Я́ву с Сума́трой!
coll.: he made a detour via Java and Sumatra.

3 **Жила́-была́** ... *Once upon a time there lived* ... This is the standard opening of Russian fairy stories.

4 **меж гру́зных тбили́сских двусмы́сленных**
звёзд!
among the weighty ambiguous stars of Tbilisi. Tbilisi is the capital of Georgia (**Гру́зия**), so one might detect a pun on **гру́зный** here. For **меж** (variant of **ме́жду**) with G see *Последняя электри́чка*, note 2.

Антимиры́

1 The title also serves for a collection of poems. *Антимиры́* has been staged at the Taganka theatre in Moscow.
2 **Бука́шкин** – This character figures in several of Voznesensky's poems. He is the Soviet equivalent of Gogol's downtrodden clerk Akaky Akakievich Bashmachkin in the story *The Overcoat*, a man utterly devoid of imagination. The word **бука́шка** means *a small insect*.
3 **Лоллобриджи́д**: *Lollobrigidas*. Gina Lollobrigida (1927–), Italian film actress who has achieved international acclaim, not least for her physical attributes.
4 **посреди́ муры́**: *among all the rubbish* or *boredom*. **Мура́** is slang for *mess*, *nonsense* or *something boring*.
5 **без Каракỳмов**: *without the Kara-Kum deserts* (in Central Asia).
6 **бонто́н**: *good taste*, from French *bon ton*.

'*Благослове́нна лень …*'

1 **Диоге́ну**: *to Diogenes*. Diogenes (c. 412–323 BC), Greek philosopher who devoted himself to simple living and who is reputed to have lived in a barrel.
2 **до за́втраго** – *arch.*: *till tomorrow*. The standard expression is **до за́втра**.
3 **«трень-брень»** – **Тре́нькать** and **бренча́ть** mean *to strum*. The latter in particular implies a lack of skill.
4 **воскресе́нь** …: *Sund* … The author is too lazy to finish the word.
5 **подшофе́** – *coll. arch.*: *tipsy*, *drunk*, from French *échauffé*.

НТР

1 **НТР – Наỳчно-технологи́ческая револю́ция**. 'The scientific technological revolution' was a phrase much used in the Brezhnev era.
2 **старове́рка** – see Blok's *Двена́дцать*, note 60. Today the term 'Old Believer' is often used in a jocular and slightly derogatory manner to indicate a person who is generally conservative in outlook.

3 **Харла́мовым и Петро́вым** – V. Kharlamov and V. Petrov were champion Soviet ice-hockey players.

4 **Суда́ркина** – This might be an oblique reference to Olga Glebova-Sudeikina, a friend of Akhmatova described in *Поэ́ма без геро́я* as a 'fair-haired marvel' and in Nadezhda Mandelshtam's memoirs as 'a nice, light-headed, flighty creature'.

5 **тру́сики-безразме́рки**: *stretch(-nylon) panties*.

6 **пол-Краснода́ра**: *half of Krasnodar*. Krasnodar is a town in the North Caucasus near the Black Sea. Note the amusing hyperbole here: Krasnodar has a population of approximately 350,000.

7 **Терпсихо́ру** – Terpsichore, one of the nine Muses in Greek mythology, patron of dancing and song.

8 **попу́тчик**: *a fellow traveller*, often used, as here, in the political sense.

9 **При всём уваже́нии к коромы́слам**: *with all respect to yokes* (for carrying two buckets). One detects here a jibe at 'village prose' writers, who since the late 1950s have been championing the rural way of life.

10 **За э́то ста́ну на го́рло пе́сне** – see Mayakovsky's *Во весь го́лос*, lines 62–7 (p. 47).

11 **стишка́** – *coll.: of rhyme, of verse*.

12 **не по нутру́**: *not to (their) liking*.

Кни́жный бум

1 **Масси́вий Муравлёв**. This name suggests **ма́ссовая му́ра**: *mass boredom* or *rubbish* (see *Антимиры́*, note 4), but note also the long narrative poem *Страна́ Мура́вия* (*The Land of Muraviya*) (1936) by Alexander Tvardovsky (1910–71), which extolled the virtues of collectivization.

Па́мяти Влади́мира Высо́цкого

1 Vladimir Vysotsky (1938–80), actor, singer and poet.

2 **Меньшо́го** – **меньшо́й** (not to be confused with **ме́ньший**) is colloquial, meaning *the youngest member of the family*. The other two famous poet-guitarists associated with Vysotsky are Alexander Galich (1919–77) and Bulat Okudzhava (1924–).

3 **Воло́дя** – *dim*. of **Влади́мир**.

4 **от Чёрного и до Охо́тского**: *from the Black Sea to the Sea of Okhotsk*.

5 **на Вага́ньково** – This refers to the Vangankovo Cemetery, where Esenin too is buried (see the last line of this stanza).

6 Vysotsky's most famous role was Hamlet in Yuri Lyubimov's production at the Taganka Theatre.

7 Many of Vysotsky's songs are still only available in magnitizdat – that is, unofficially produced tape-recordings.

8 **Хлопу́шу** – Khlopusha was a comrade-in-arms of Pugachev the famous eighteenth-century revolutionary. Vysotsky played the role in the dramatization of Esenin's poem *Пугачёв*.

Vocabulary

This vocabulary seeks to cover all the words in the text, except: words dealt with in the annotations; words that are virtually identical in English and Russian; and words included in Patrick Waddington's *A First Russian Vocabulary* (Basil Blackwell, Oxford, 1988). However, in some cases, where Waddington provides meanings that are not appropriate to our context, his meaning is recorded first, and the contextual meaning afterwards.

The following verb patterns, in which there is fixed stress, no consonantal mutation or addition, are regarded as regular, and no indication of conjugation is given.

Consonant followed by:

-ать	-аю, -аешь
-ять	-яю, -яешь
-ить	-ю/у, -ишь
-овать	(*omit* -ова-) -ую, -уешь
-уть	-у, -ешь
-еть	-ею, -еешь

A past tense is regarded as regular if it is formed by dropping **-ть** from the infinitive and adding **-л** for the masculine (**-ла -ло, -ли** – feminine, neuter, plural) and there is no stress change for number and gender. Regular past tenses are not given. Irregular past tenses are given, separated from the present-tense conjugation by a semi-colon. Forms of irregular past tenses other than the masculine singular are given only if there is a stress or other change.

With finite verbs, imperatives, gerunds and active participles the appropriate infinitive is listed. Where a verb has one generally agreed aspectual partner, this is given, even though it may not occur in the text. Past passive participles are, on the whole, listed separately, in the long form.

Adjectives too are generally listed in the long form only. In the case of adverbs derived regularly from adjectives the appropriate long-form adjective is given.

Unless otherwise indicated, the second entry after an irregular noun is the genitive singular. Generally, fleeting vowels and mobile stress are regarded as constituting irregularity. Inserted vowels in genitive plurals are generally not treated as irregularities.

Phrases involving a particular headword are divided from that word and any indications of irregularities by a semicolon.

In a few instances, very irregular forms occurring in the text are listed as headwords with an indication of derivation or with an appropriate cross-reference.

Finally, it should go without saying that in all creative literature, but especially in poetry, it is often impossible to attach one specific meaning to a given word. Thus, this vocabulary, although attempting to provide quick and easy reference, is ultimately no substitute for a set of good dictionaries.

The following abbreviations are used:

A	= accusative	*conj.*	= conjugation
abbr.	= abbreviation	*D*	= dative
adj.	= adjective	*derog.*	= derogatory
adv.	= adverb	*dial.*	= dialectal
arch.	= archaic	*dim.*	= diminutive
coll.	= colloquial	*eccl.*	= ecclesiastical
comp.	= comparative	*f.*	= feminine

Vocabulary

fig.	=	figurative	*neolog.*	=	neologism
folk	=	folk word	*nn.*	=	noun
ger.	=	gerund	*obs.*	=	obsolete
G	=	genitive	*onomat.*	=	onomatopaeic
hist.	=	historical	*orn.*	=	ornithology
I	=	instrumental	*P*	=	prepositional
imper.	=	imperative	*pejor.*	=	pejorative
impers.	=	impersonal	*pf.*	=	perfective
impf.	=	imperfective	*pl.*	=	plural
indecl.	=	indeclinable	*poet.*	=	poetic
intrans.	=	intransitive	*prep.*	=	preposition
iron.	=	ironic	*sing.*	=	singular
joc.	=	jocular	*sl.*	=	slang
leg.	=	legal	*superl.*	=	superlative
m.	=	masculine	*trans.*	=	transitive
mil.	=	military	*usu.*	=	usually
mus.	=	musical	*voc.*	=	vocative
N	=	nominative	*vulg.*	=	vulgar
n.	=	neuter			

ава́нс advance payment
авантюри́ст (*pejor.*) adventurer
ага́товый agate *adj.*
аги́тка item of propaganda
агитпро́п agitation and
    propaganda
ад hell
а́лый scarlet
анте́нна aerial
арома́т aroma, scent
ассениза́тор sewage worker

ба́ба woman
ба́бочка butterfly; woman *dim.*
ба́нда band, crowd
ба́рский lordly

бац! bang! smack! *onomat.*
башмачо́к, -чка́ *dim. of* **башма́к,**
    -а́ shoe
бе́глый fleeting
бедо́вый daredevil
безви́нный innocent
безда́рнейший utterly untalented
бе́здна abyss
бездыха́нный lifeless
беззву́чный soundless
безлю́дный deserted,
    unpopulated
безмо́лвный silent
безмо́лвствовать *impf.* be
    silent
безо́блачный cloudless

141

безро́дный without kith or kin; homeless
безу́мие madness
безу́мный mad
безуте́шный inconsolable
безымя́нный nameless
белосне́жный snow white
беспе́чный unconcerned; carefree
бесси́льный powerless
бессме́ртный immortal
бессо́нница insomnia
бессо́нный sleepless
бесспо́рный indisputable
бесстра́стный impassive
бессты́дный shameless
бестолко́вый muddle-headed; incoherent
бесчи́нствовать *impf.* commit excesses
бесчи́сленный countless
би́блия Bible
бинт bandage
бис encore
бла́го benefit, the good
благослове́нный blessed
благословля́ть/-ви́ть, -влю́, -ви́шь bless
благоуха́нный fragrant
блево́та vomit
блеск brightness
блесте́ть, блещу́, блести́шь *and* **бле́щешь/блесну́ть** shine, gleam
блуди́ть, -жу́, -́дишь/по- fornicate
блю́до dish; course
боготвори́ть *impf.* worship; deify
боже́ственный divine
бо́жий God's

бой battle
болта́ть *impf.* chatter
болта́ться swing, dangle
болтовня́ talk, chatter
бормота́ть, бормочу́, -́чешь/про- mutter
босико́м barefoot *adv.*
босо́й barefoot *adj.*
бо́язно + *D* (*coll.*) be afraid
бра́тский brotherly
бреве́нчатый made of logs
бред delirium
бредь *f.* nonsense
бре́мя, бре́мени *n.* burden
бровь *f.* eyebrow
броди́ть, -жу́, -́дишь: брести́, -ду́, -дёшь/по- wander
бродя́га *m.* tramp
бродя́жий vagrant *adj.*
бронзове́ть *impf.* look bronze
броса́ть/-сить, -шу́, -́сишь throw; give up (*something or an activity*)
бры́згать, бры́зжу/бры́знуть splash, splatter
бры́зги *no. sing.* spray
брюзгли́вый peevish
брюссе́льский Brussels *adj.*
брю́хо (*vulg.*) belly
бряца́ние rattling
бряца́ть *impf.* rattle; bandy about (*names etc.*)
бу́йство violence
букини́ст second-hand bookseller
бунтова́ть/вз- revolt, mutiny
бура́вить, -́влю, -́вишь *impf.* drill, bore
буреве́л biting wind
буржу́й bourgeois *nn.*

бу́рный stormy

бушева́ть, -шу́ю *impf.* rage, storm

бы́вший former

быт (everyday) life

вали́ться, -ю́сь, -́ишься/по- fall, collapse

ва́рварский barbaric

ва́режка mitten

вари́ть, -ю́, -́ишь/с- boil, cook; found (*steel*)

вбива́ть/вбить, вобью́, вобьёшь knock in

вверя́ть/вве́рить entrust, confide

ввысь *adv.* upwards

вдаль *adv.* into the distance, at a distance

вдвоём *adv.* two together

вдова́ widow

вдо́сталь *adv.* (*coll.*) in plenty

вдохновлённый inspired

ве́ко, *pl.* **ве́ки** eyelid

веле́ть, велю́ *impf. and pf.* order, give an order

вели́чие greatness, grandeur

ве́на vein

вене́ц, -нца́ wreath, garland

ве́нчик halo

верте́ть, -чу́, -́тишь *impf.* twirl, turn round

веселе́ть/по- cheer up (*intrans.*)

весе́лие merriment; merrymaking

ве́сить, ве́шу, ве́сишь *impf.* weigh (*intrans.*)

весо́мый weighty

весы́, -о́в *no sing.* scales (*for weighing*)

ветла́, *pl.* **вётлы** white willow

ве́точка twig

ветр *usu.* **ве́тер** wind

вечноживо́й forever-living, eternal

ве́чность *f.* eternity

ве́шний spring *adj.*

ве́ять, ве́ю, ве́ешь *impf.* blow (*of wind*)

взасо́с *adv.* to the full

взбе́шенный crazed, frenzied

взбре́зжить *pf. of* **бре́зжить** shine, glimmer

взвить, взовью́, взовьёшь *pf. of* **взвива́ть** raise, **-ся** soar

взвод squad, platoon

взволно́ванный excited

взгляну́ть, -ну́, -́нешь *pf. of* **взгля́дывать** look at, glance at

вздох sigh

взду́мать *pf.* (*coll.*) take it into one's head

вздыма́ть *impf.* raise

взро́слость *f.* adulthood

взры́тый dug up

виде́ние vision, apparition

визжа́ть, -у́ *impf.* squeal

вина́ guilt, blame

вино́вник guilty person, culprit, initiator

вино́вный guilty

винто́вка rifle

вити́я *m.* (*coll. iron.*) orator, bard

вить, вью, вьёшь/с- twist, wind

ви́тязь *m.* (*poet. arch.*) knight, hero

вихрь *m.* whirlwind

вкруг *usu.* **вокру́г** around, about *adv. and prep.* + G

143

влия́ть/по- на + *A* influence

вну́тренность *f.* interior *nn.*

вня́тный distinct; intelligible

водово́з water carrier

водоворо́т whirlpool

водопрово́д water-pipe; running water, water-supply

водь *f. usu.* вода́ water

вождь *m.* leader

воздви́гнуть; воздви́г *pf. of* воздвига́ть raise, erect

возлежа́ть, -у́/возле́чь, возля́гу, -ля́жешь, -ля́гут; возлёг, -легла́ (*arch. joc.*) recline, lie back

возлю́бленный beloved *adj. and nn.*

возме́здье retribution

возника́ть/возни́кнуть; возни́к arise, occur

вой howl

войска́ *pl., G.* войск troops

волше́бный magic

во́ля freedom; **с -и** freely; from the outside; **по до́брой -е** of one's own free will

вонзи́ться, -жу́сь, -зи́шься *pf. of* вонза́ться pierce, penetrate

вооружи́ть *pf. of* вооружа́ть arm; **в. пове́рх зубо́в** arm to the teeth

вопи́ть, воплю́, вопи́шь *impf.* (*coll.*) yell, cry out

ворва́ться, -у́сь, -ёшься *pf. of* врыва́ться break in

воро́бышко *dim. of* воробе́й, -бья́ sparrow

во́рог (*folk*) enemy

воро́нка funnel; crater

воро́та *pl., G* воро́т gate; goal, goal posts

воротни́к collar

воро́чаться *impf.* turn, move

восково́й wax *adj.*

воскресе́ние resurrection

воскресе́нье Sunday

воспева́ть/воспе́ть, воспою́, воспоёшь sing the praises of

восла́вить, -влю, -вишь *pf. of* восславля́ть (*obs.*) hymn, praise

впа́лый sunken, hollow (*of cheeks etc.*)

впи́ться, вопью́сь, вопьёшься *pf. of* впива́ться be absorbed

вплоть *adv.* right up to

вполго́лоса *adv.* under one's breath

вражда́ enmity

вражде́бный hostile

врассыпну́ю *adv.* in all directions

вре́зываться/вре́заться, -жусь, -жешься cut into

вре́менный temporary

вро́де *prep.* + *G; or particle* like, such as

врождённый innate; congenital

врыва́ться/врыться, вро́юсь, вро́ешься dig oneself into, bury oneself in

вса́дник horseman

вселе́нная *nn.* the universe

вскачь *adv.* at a gallop

вски́дывать *usu.* вски́дывать/ вски́нуть toss (*one's head etc.*)

вскрути́ться *pf. of* крути́ться, -чу́сь, -тишься swirl (up)

всо́санный imbibed, sucked in

вспеть, вспою́, -ёшь *pf. of* вспева́ть start singing

всплывать/всплыть, всплыву́, -ёшь swim up

вспомина́ние recollection

вступа́ть/вступи́ть, -плю́, -́пишь enter

вступле́ние introduction, prelude

втайне́ *adv.* in secret

вто́рить *impf.* (*mus.*) play, sing second part to, (*fig.*) repeat, echo

вчера́шний yesterday's

вы́битый beaten out

вы́бойна rut; pothole

вы́вернуть *pf. of* вывёртывать наизна́нку turn inside out

выгля́дывать/вы́глянуть look out

вы́жига *m. and f.* (*coll.*) cunning rogue

вы́клевать, вы́клюю *pf. of* выклёвывать peck out

выли́зывать/вы́лизать, вы́лижу lick out, away

вы́нуть, *pf. of* вынима́ть pull out

вы́плыть, вы́плыву, вы́плывешь *pf. of* выплыва́ть swim out

вы́рвать, вы́рву, вы́рвешь *pf. of* вырыва́ть pull out, tear out

вы́рыть, вы́рою, вы́роешь *pf. of* вырыва́ть dig out

вы́ситься, вы́шусь, вы́сишься *impf.* tower (up), rise up

вы́сший *adj., comp. and superl. of* высо́кий highest

выть, во́ю, во́ешь *impf.* howl

вы́ше *adj., comp. of* высо́кий higher, taller

вью́га snowstorm, blizzard

вя́нуть; вял *or* вя́нул/за- fade, wither

газо́н lawn

галифе́ *indecl.* riding breeches

га́лльский Gallic

гармо́ника accordion

гастроли́ровать *impf.* be on tour

гва́рдия guards

гвоздь *m.* nail; и никаки́х -е́й! and that's all there is to it!

ге́ний genius

ге́тры, *G* гетр *no sing.* gaiters

ги́бель *f.* death, ruin, downfall

ги́бнуть; гиб/по- perish, die

ги́рька weight (*as used in a mechanism or with scales*)

гла́дить, гла́жу, -́дишь/по- stroke

гладь *f.* smooth surface (*of water, lake*)

глазни́ца eye socket

глаша́тай herald

гло́бус globe

глуми́ться, -млю́сь, -ми́шься над + I *impf.* mock at; desecrate

глухо́й deaf; remote; blind (*of walls etc.*); lonely (*of streets etc.*); dense (*of forests*)

гнать *see* гоня́ть

гнуса́вить, -́влю, -́вишь *impf.* speak through one's nose

гнуть; -ся *impf.* bend (*trans.*); bend down (*intrans.*)

го́гот cackling; loud laughter

Vocabulary

годи́ть, гожу́, годи́шь/по- (*coll.*) wait

головня́ charred log

го́лод hunger

голу́бка female pigeon, dove; (*fig.*) darling

го́лубь *m.* pigeon, dove

голытьба́ the poor

гоня́ть: гнать, гоню́, го́нишь *both impf.* drive, herd

го́рбить, -́блю, -́бишь/с- arch, hunch

горева́ть, горю́ю, горю́ешь grieve

горизо́нт horizon

горла́н-глава́рь *m.* rabble-rouser

горн furnace, forge

го́рница (*obs.*) chamber

го́рный mountain *adj.*, mountainous; mining *adj.*

городово́й *nn.* (*hist.*) policeman

горсть *f.* cupped hand, handful

горю́й *imper. of* горева́ть

го́споди *voc. of* госпо́дь *m.* O, Lord

грабёж robbery

грань *f.* facet, face

грач (*orn.*) rook

гре́зиться, гре́жусь, гре́зишься/при- dream

гремя́щий roaring, resounding

греть *impf.* heat

грех sin

гре́шница (*female*) sinner

гроб coffin

гроздь *f.* cluster, bunch

грози́ть, -жу́, -зи́шь/при- + *D* threaten

гро́зный terrible

грома́да (a) mass (of), lots (of)

громи́ла *m.* (*coll.*) thug, burglar

громыха́ние rumbling *nn.*

гру́да heap, pile

грудь *f.* breast, chest, bosom

грусти́ть, -щу́, -сти́шь grieve, sorrow

грусть *f.* sorrow

гряду́щий coming *adj.*

губи́ть, гублю́, гу́бишь/по- ruin, destroy

гу-гу́; ни гу-гу́ not a peep

гуде́ть, гужу́, гуди́шь *impf.* roar, rumble

гудо́к, -дка́ hooter, siren

гул rumbling, roar, hum

гу́лкий resonant, resounding

гума́нный humane

гунн Hun

да́вний of long standing

далёкий distant

далеко́ *nn.* the distant future

даль *f.* distance, distant point

да́льний distant, remote

дальнови́дный far-sighted

Да́ния Denmark

дар gift

дармое́д (*coll.*) scrounger, sponger

дви́гатель *m.* engine, motor

двоя́кий twofold, double

де́бри, G де́брей *no sing.* jungle, thickets; wilds

де́вка girl, maiden; (*coll.*) tart, whore

девя́тка a nine (*group of nine*)

дели́ться, -ю́сь, -ишься/по- share

держа́вный stately

дёрн turf

дли́ться, длюсь, дли́шься/про- last

дно, *pl.* **до́нья, до́ньев** bottom

до́блестный valiant

добра́ться, доберу́сь, -ёшься *pf. of* **добира́ться** get to, reach as far as

доброта́ goodness, kindness

добыва́ть/добы́ть, добу́ду obtain, procure; mine, extract

догоре́ть *pf. of* **догора́ть** burn down, out (*intrans.*)

дол (*poet.*) dale, vale

до́лгий long (*usu. of time*)

долгопо́лый long skirted

доноси́ть, -шу́, -сишь/донести́, -су́, -сёшь; донёс, -ла́ carry as far as; denounce

доно́счик informer

до́нце *dim. of* **дно** bottom

доро́жный of the road

досто́йный worthy

дотяну́ться, -у́сь, -ешься *pf. of* **дотя́гиваться** stretch as far as

до́хлый dead (*of animals*); weak, sickly (*of people*)

дохо́дный lucrative

дра́ка fight

дре́вний ancient

дрема́ть, -млю́, -млешь *impf.* doze

дробь *f.* drumming, lapping noise

дро́гнуть; дро́гнул *pf. of* **дрожа́ть, -жу́, -жи́шь** tremble, shake

дрожь *f.* trembling

дру́жный friendly, amicable

дружо́к, -жка́ *dim. of* **друг** friend

дрянь *f.* (*coll.*) trash, rubbish

ду́ма thought

дура́цкий foolish

ду́рость *f.* stupidity

дух spirit; breath

духо́вный spiritual

духота́ closeness, stuffiness

дыми́ться, -лю́сь, -и́шься/на- smoke, billow (*intrans.*)

дыра́ hole

дыха́нье breathing, breath

дыха́тельное го́рло windpipe

дыша́ть, -у́, -ишь *impf.* + *I* breathe

дю́жий sturdy

еди́ный unique, the only

ёкнуть, *pf. of* **ёкать** (*coll.*) miss a beat (*of the heart*)

жа́дный greedy

жа́жда thirst; longing

жа́лить/у- sting

жа́лоба complaint

жар heat

жара́ heat; hot weather

жать, жну, жнёшь/с-, сожну́, -ёшь reap

жа́ться, жмусь, жмёшься *impf.* be squeezed

желе́зка small piece of iron; *in pl.* iron filings

же́мчуг, *pl.* **жемчуга́** pearl(s)

жерло́ muzzle (*of gun*)

жёрнов, *pl.* **жернова́** millstone

жест gesture

жёсткий hard; severe

Vocabulary

жечь, жгу, жжёшь; жёг, жгла/с-,
сожгу́, сожжёшь, сожгу́т;
сжёг, сожгла́ burn (*trans.*)
живи́тель *m.* life-giver
жи́вопись *f.* painting
живьём *adv.* alive
жи́дкий liquid
жи́лочка *dim.* of жи́ла vein;
tendon, sinew
жите́йский of the world; everyday
житьё (*coll.*) life
жрец (*iron.*) priest (*of heathen
religious cult*)
жу́лик swindler
жура́вль *m.* (*orn.*) crane
жуть *f.* terror, fear

забве́нье oblivion, forgetfulness
забега́ть/забежа́ть, -гу́, -жи́шь,
-гу́т run up, run ahead
забо́р fence
забулды́га *m.* (*coll.*) debauchee
забы́тый forgotten
завалю́щий *usu.* завали́щий
(*coll.*) useless, worthless, shop-
soiled
заведённый wound up (*like a
machine*)
завива́ть/зави́ть, -ью́, -ьёшь; -ся
curl, wave, twine (*trans.*); curl
(*intrans.*)
завизжа́ть, -у́, -и́шь *pf.* start to yell
завира́ться/завра́ться, -у́сь,
-ёшься talk rubbish
заводи́ть, -жу́, ´-дишь/завести́,
-ду́, -дёшь; завёл, завела́ set
up; keep, run; wind up (*clock
etc.*)
зага́дка enigma, riddle

загла́вие title (*of book etc.*)
заглуша́ть/-и́ть muffle, drown
out
загля́дывать/-ну́ть, -ну́, ´-нешь
glance, look
за́гнанный hounded; exhausted
загова́ривать/заговори́ть talk
(someone's) head off
заговори́ть *pf.* start to speak
загоня́ть/загна́ть, загоню́,
заго́нишь herd in, drive in
загуби́ть, -блю́, ´-бишь *pf.* ruin
задво́рки, G задво́рок *no sing.*
backyard
задева́ть/заде́ть, заде́ну, ´-нешь
touch against, catch (on)
заду́мать *pf.* of заду́мывать plan,
intend
зажа́ть, зажму́, -ёшь *pf.* of
зажима́ть shut tight, gag
(*mouth*)
зажи́ть, заживу́, -ёшь *pf.* of
зажива́ть heal
зазно́бушка (*folk poet.*)
sweetheart
зака́т setting of the sun
залива́ть/зали́ть, залью́,
зальёшь suffuse, flood;
quench
залп volley, salvo
замани́ть, -ю́, ´-ишь *pf.* entice,
lure
замедля́ть/заме́длить slow down
(*trans.*)
замере́ть, замру́, -ёшь; за́мер,
-ла́, за́мерло *pf.* of замира́ть
die down
за́морозки, G за́морозков *no
sing.* light frosts

148

замота́ть *pf. of* **зама́тывать**
twist, wind

за́мысел, -сла plan, design,
scheme

за́ново *adv.* again, anew

заозёрный on the other side of
the lake

**запира́ть/запере́ть, запру́,
запрёшь; за́пер, заперла́,
за́перло** lock up

запла́канный tear stained

запо́мнить *impf. and pf.*
remember, memorize

запроки́нуться *pf.* (*coll.*) slump
back, fall back

заря́ dawn; sunset

заскору́злый hardened; callous;
backward, retarded

заслы́шать, -у, -ишь *pf.* hear

засну́ть *pf. of* **засыпа́ть** fall
asleep

засо́в bolt, bar

засоса́ть, -у́, -ёшь *pf. of*
заса́сывать suck in

**застила́ть/застла́ть, застелю́,
-лешь** cover; hide from view

засты́ть, засты́ну, -нешь *pf. of*
застыва́ть become stiff,
freeze

затво́р bolt, bar

затвори́ться, -ю́сь, -и́шься *pf. of*
затворя́ться shut, close
(*intrans.*)

зати́хнуть; зати́х *pf. of* **затиха́ть**
fall silent, become quiet

заткну́ть *pf. of* **затыка́ть** stop
up, close up (*trans.*)

зато́н weir, dam

затра́вленный persecuted,
badgered

заупоко́йный for the repose of
the soul of the dead

захолу́стный remote

зачёт exam, test; **сдава́ть/сда́ть
з.** sit, pass a test

защи́та protection, shield

звёздопад fall of stars

звене́ть, звеню́, *impf.* ring

звери́ный of wild animals, bestial

зве́рский bestial, brutal

звон ringing *nn.*

зво́нкий ringing, resonant *adj.*

звоно́чек, -чка *dim. of* **звоно́к,
-нка́** bell

звуча́ть, звучу́, -и́шь be heard, to
sound

зги; ни з. (it is) pitch black

здорове́ть/по- (*coll.*) become
healthier, stronger

зе́лень *f.* green colour; verdure

зия́ющий gaping, yawning *adj.* (*of
abysses etc.*)

злак grass; cereal

злить/разозли́ть anger, vex

зло́ба malice, spite, anger

злове́щий ominous, sinister

значи́тельный significant

зной heat

зов call

зола́ ashes

золоти́стый golden-coloured

зонт umbrella

зри́мый visible; tangible

зря *adv.* in vain

зубо́к, -бка́ *pl.* **зу́бки** *dim. of* **зуб**
tooth

Vocabulary

игра́ть/сыгра́ть play (*a game, a musical instrument*); act (*in a play*)
игру́н player
избива́ть/изби́ть, избью́, избьёшь beat up
избяно́й hutted, with huts
изва́яние statue, sculpture
изве́стка (slaked) lime
изво́лить *impf.* wish, desire
изготовле́ние manufacture, production
издава́ть, издаю́, -ёшь/изда́ть, изда́м, изда́шь, изда́ст, издади́м, издади́те, издаду́т publish
изло́манный broken; (*fig.*) unbalanced, unhinged
изму́ченный tormented
износи́ть, -шу́, -сишь *pf. of* изна́шивать wear out
изнутри́ *adv.* from within
изумру́д emerald
изя́щный smart, neat
ико́нка *dim. of* ико́на icon
ино́й other
инфа́ркт heart attack
испу́г fear
исступлённый frenzied; ecstatic
истека́ть/исте́чь, -ку́, -чёшь, -ку́т flow out; elapse
исто́ма lassitude; languor
исхо́д; в -е, *usu.* на -е coming to an end

к тому́ ж(е) in addition
каба́к pub, tavern
каба́н boar, wild boar
кавале́рия cavalry

каварда́к; в -é (*coll.*) in a mess
кади́льный of incense
казнь *f.* execution; (*fig.*) torture, punishment
как-то раз once
кале́ка *m. and f.* cripple
кале́кша (*neolog.*) female cripple
кальсо́ны, *G* кальсо́н *no sing.* long (under)pants
камене́ть/о- turn to stone (*intrans.*)
ка́менный of stone
канапе́ *indecl.* seat, seats
кана́т rope; cable
кану́н the eve
ка́пать, ка́плю, -лешь/ка́пнуть drip, trickle
ка́пель *f.* drip; thaw
карау́л guard; почётный к. guard of honour
каре́та coach, carriage
ка́ркать/ка́ркнуть caw, croak
ка́рточка (ration) card
карту́з cap
кати́ться, качу́сь, -тишься/по- (*coll.*) dash, rush; flow
ка́торга hard labour
ка́торжный of hard labour
кача́ть/качну́ть rock, swing
кварта́л block of buildings; quarter, district
кида́ться/ки́нуться throw oneself
кипе́ть, киплю́, кипи́шь/вс- boil (*intrans.*); be in full swing
кипячёный boiled
кисте́нь *m.* cudgel
клева́ть, клюю́, клюёшь/клю́нуть peck
клён maple tree

150

кли́нопись *f.* cuneiform
кли́чка nickname
клони́ться, -ю́сь, -ишься bow, bend
клуби́ться *impf.* swirl
кова́ть, кую́, куёшь/вы́- forge (*iron etc.*)
ковче́г ark; shrine
ковыля́ть *impf.* (*coll.*) hobble
козлоно́гий goat-legged
кол, *pl.* **ко́лья, ко́льев** stake
колдовско́й magical
колеба́ться, -блюсь, -блешься/по- hesitate, waver
ко́локол, *pl.* **-а́** large bell, church bell
колоко́льный bell *adj.*
колоко́льчик little bell, hand bell
колори́т colouring
колыха́ть, колы́шу, -шешь/колыхну́ть sway, rock
коль (*and* **ко́ли**) if
кольцо́, *G pl.* **коле́ц** ring, circle
ком lump
кондово́й (*dial.*) of wood; sturdy
ко́нница cavalry
конокра́д horse thief
контролёрша (female) ticket collector
конь *m.* horse
коню́шня stable
копи́ть, -плю́, -пишь/на- store up, save
ко́поть *f.* soot
копы́тливый of hooves
копы́то hoof
кора́ bark (*of tree*); crust
кора́бль *m.* ship
ко́рень, -рня *m.* root

коро́вник cow-shed
ко́рчиться/с- wither; be contorted
коря́вый gnarled; uncouth
коси́ть, кошу́, -си́шь/с- slant (*eyes etc.*); be crooked, at an angle
коса́к door post
кото́мка knapsack
кра́деный stolen
крапи́ва stinging nettle
красноарме́ец Red Army man
кра́сться, краду́сь, -дёшься; кра́лся *impf.* steal, move stealthily
крени́ться/на- list, keel over
кре́пнуть/о- get stronger
крест cross *nn.*
крестообра́зный shaped like a cross
крестья́нский peasant *adj.*
криви́ться, -влю́сь, -ви́шься/по- become bent, crooked
кров shelter, roof
крова́вый bloody, blood-stained
кро́вельный of a roof, shelter
кропи́ть -плю́, -пи́шь/о- sprinkle (*trans.*); spot (*intrans. of rain etc.*)
кро́шечный tiny
кро́шка crumb
кроя́ *ger. of* **крыть**
круг circle
кружевно́й lace *adj.*
кру́жка (*beer*) mug
крути́ть, -чу́, -ти́шь/за- twist, twirl
крыть, кро́ю, кро́ешь/по- cover; trump
кувши́н jug

куда́ whither, where to; (*coll.*)
much (*used with comparatives*)
куда́хтанье clucking
кудрева́тый curly-headed
кула́к, -а́ fist; rich peasant
курга́н burial mound
кутерьма́ (*coll.*) commotion,
hubbub
ку́ча heap, pile
ку́ща (*obs. poet.*) dwelling

лаба́зник grain merchant
лави́на avalanche
ладо́нь *f.* palm (*of hand*)
ла́зерный laser *adj.*
ла́па paw
ласка́ть caress
ла́сточка (*orn.*) swallow
ле́гше *usu.* ле́гче easier
ледни́к glacier
ледо́к, ледка́ *dim. of* лёд, льда
ice
ледяно́й icy, ice-cold
ле́йка watering can
ле́ктор lecturer; reader
лень *f.* laziness
лепи́ть, -плю́, -́пишь/с- to model,
shape, fashion
лесно́й forest *adj.*
лжи́вый lying, deceitful
лиза́ть, лижу́, -́жешь/лизну́ть
lick
лик (*obs.*) face
ликова́ть *impf.* rejoice
лило́вый violet *adj.*
ли́па lime (tree)
ли́ра lyre
ли́рика lyrics
листо́к, листка́ sheet of paper

лить, лью, льёшь *impf.* pour
(*trans.*)
ли́ться, льётся *impf.* pour
(*intrans.*)
лиха́ч (*obs.*) cab driver; daring
fellow
лихо́й jaunty, dashing
лицо́; к -у́ it suits
ли́шним; с л. odd (*with numbers
– e.g. 40 odd*)
ло́вкий deft, agile
ло́вкость *f.* dexterity
ло́зунг slogan
ло́кон curl, ringlet
лом crowbar; scrap (*metal etc.*)
лопа́та spade, shovel
лоску́т remnant, scrap (*of cloth
etc.*)
люби́мица darling, favourite *nn.*
людско́й human *adj.*
люте́ть *impf.* rage
лю́тый fierce, ferocious
ля́жка thigh

малокро́вье anaemia
мани́ть/по- beckon; lure
мару́ся; чёрная м. black Maria
матра́ц mattress
маха́ть, машу́, -́шешь/махну́ть
wave
махи́на (*coll.*) large, bulky object
ма́шет *see* маха́ть
ма́ятник pendulum
мгла fog, mist
медь *f.* copper, bronze
мело́ванный (*neolog.*) chalked,
chalky
ме́льница mill
меня́ть *impf.* change

мере́щиться *impf.* seem, appear
ме́рзкий foul, disgusting
ме́рный measured
мерца́ть *impf.* twinkle, glimmer
мести́, мету́, -ёшь; мёл, мела́ *impf.* sweep
ме́стность *f.* locality
ме́сяц month; moon
метла́, *pl.* мётлы broom
меч sword
меща́нство petty bourgeoisie; philistinism
миг moment, instant
мига́ть/мигну́ть blink, wink
мнёт *see* мять
многопу́дье (*neolog.*) a great load, many poods of
мно́жить/по- increase, multiply
моги́ла grave
моги́льщик grave digger
мозг brain
моли́ть, -ю́, -ишь *impf.* entreat, pray (for), implore
моли́ться, -ю́сь, -ишься/по- pray, offer prayers
моло́чность *f.* milkiness
мольба́ entreaty, supplication
мона́х monk
морга́ть/моргну́ть blink, wink
мо́рда muzzle (*of animal*), (*coll.*) face (*of person*)
морщи́на wrinkle
морщи́нить *impf. see* мо́рщить
мо́рщить/на- wrinkle
мотылёк, -лька́ moth, butterfly
мошкара́ swarm of midges
мрак darkness, gloom
мра́мор marble (*the material*)
мра́морный marble *adj.*

мудрева́тый wise, clever
му́жество courage
му́ка torture
му́чить/за-, из- torture, torment
мы́слить *impf.* think
мя́млить/про- mumble
мя́тый crumpled
мять, мну, мнёшь/из-, с- knead; crumple

набальмази́ровать *pf. of* бальмази́ровать embalm
набекре́нь *adv.* aslant, tilted
набира́ть/набра́ть, наберу́, наберёшь gather (up)
наблюда́ть *impf.* за + *I* observe, monitor
наве́к(и) *adv.* for ever
наве́т (*obs.*) slander
навеща́ть/навести́ть, навещу́, -сти́шь visit
на́взничь *adv.* on one's back
наво́з dung
навсегда́ for ever
навстре́чу *adv.* to meet, towards
навяза́ть, -жу́, -жешь/навя́знуть; навя́з fasten on to, stick
нагишо́м *adv.* (*coll.*) stark naked
на́глый impudent
наго́й naked
нагоня́ть/нагна́ть, нагоню́, -нишь drive on to
нагромождённый piled up
надгро́бный graveside; over a grave
надгро́бье gravestone; (*obs.*) epitaph
наде́лать *pf.* do (something wrong); make; cause

надми́рно *adv.* above the world
наёмный hired
наизна́нку inside out
накове́ркать *pf.* do (something bad), be up to
накопи́ть *pf. of* копи́ть, -плю́, -пишь amass, save up
наложи́ть *pf. of* накла́дывать lay on
напе́в tune
напроле́т *adv.* through, without a break
нарва́ться, -ву́сь, -вёшься *pf. of* нарыва́ться run up against
нарека́ть/наре́чь, -ку́, -чёшь, -ку́т; нарёк, нарекла́ name, call
нарыда́ться *pf.* sob one's heart out
наря́дный smart, neat
насе́сть, нася́ду, нася́дешь *pf. of* наседа́ть settle (on), collect (on)
насквозь *adv.* through
насле́дник heir
насме́шка mockery
насме́шница (female) scoffer, sarcastic person
наста́вить, -влю, -вишь *pf. of* наставля́ть direct, aim
наста́ть, наста́ну, наста́нешь *pf. of* настава́ть come, begin
на́стежь *adv.* open wide
науте́к *adv.* gone, taken to one's heels
наце́лить *pf. of* це́лить aim, point
небосво́д vault of heaven
небоскрёб skyscraper
небре́жный careless

небыва́лый unprecedented, fantastic
неве́домый unknown
неви́димый invisible
нево́льный forced, involuntary
невообрази́мый inconceivable, unimaginable
невреди́мый unharmed
не́вский of the Neva river
не́где there is nowhere
неда́вний recent
недоеда́ние malnutrition, hunger
незва́ный uninvited
незри́мый unseen
не́когда there is no time
немо́й dumb
немо́лчный (*poet.*) incessant
ненави́стный hateful, despised
не́нависть *f.* hatred
неотврати́мый inevitable
неповтори́мый unrepeatable
неподви́жный immobile
непоправи́мый incorrigible
неразу́мный unreasonable; foolish
неспе́тый unsung
неспроста́ *adv.* (*coll.*) not without purpose
неугомо́нный indefatigable
неудо́бство inconvenience
неу́знанный unrecognized
неуме́стный inappropriate; irrelevant
неутолённый unappeased
нечи́стый unclean; evil
ни́ва cornfield
ни́же *comp. of* ни́зкий low
низ foot, bottom (*of mountain etc.*)

154

ника́к no way
ни́точка *dim. of* **нить** *f.* thread
нищета́ poverty
ни́щий *adj. and nn.* destitute;
  beggar
нового́дний of the new year
но́жны, *G* **но́жен** *or* **ножо́н** *no
  sing.* scabbard
нора́ burrow, hole
Норма́ндия Normandy
но́чка *dim. of* **ночь** *f.* night
ночни́к night light
нужда́ need, want
нумизма́т coin collector
ны́не *and* **ны́нче** these days,
  nowadays

обгора́ть/обгоре́ть, -ю, -и́шь be
  scorched
обдава́ть/обда́ть *see* **издава́ть**
  for conj. cover, seize
  (*someone, with something*)
обезу́меть *pf.* lose one's head
оберну́ться *pf. of*
  обора́чиваться turn
оби́да insult
оби́женный insulted, offended
**облива́ться/обли́ться, оболью́сь,
  оболье́шься** pour, spill
  (*intrans.*)
обме́н exchange
обнару́живать/обнару́жить
  reveal, discover
**обнима́ть/обня́ть, -ниму́,
  -ни́мешь** embrace
обожа́нье adoration
обокра́сть, -ду́, -дёшь; -кра́л *pf.
  of* **обкра́дывать** rob
обо́лганный slandered

обольсти́тельный seductive,
  captivating
**обольща́ть/обольсти́ть, -щу́,
  -сти́шь** seduce, captivate
обоня́ть *impf.* smell
обо́рка frill, flounce
обору́дованный equipped
обра́доваться *pf. of* **ра́доваться**
  be happy, rejoice
обры́в precipice
обры́згать *pf. of* **обры́згивать**
  splash, bespatter
обсу́живать *usu.* **обсужда́ть/
  обсуди́ть, -жу́, -'дишь** discuss
объя́тие embrace
объя́тый embraced
овёс, овса́ oats
овра́г ravine
овся́ный of oats
оглаша́ть/огласи́ть, -шу́, -си́шь
  proclaim
огло́бельки *pl., dim. of* **огло́бля,**
  G pl. **огло́бель** shaft (*on
  sledge, carriage*)
оглуша́ть/оглуши́ть deafen,
  drown out
оглушённый deafened, drowned
  out
огнево́й fiery
о́гненный fiery
огра́да fence
огро́мный huge
одарённый gifted, talented
одича́лый (having gone) wild
одолева́ть/одоле́ть overcome
одуре́ть *pf. of* **дуре́ть** become
  stupid
озарённый lit-up, illuminated
озвере́лый brutal; brutalized

Vocabulary

озя́блый cold, frozen
озя́бший frozen
окамене́вший turned to stone, petrified
о́ко, *pl.* **о́чи, оче́й** (*arch. poet.*) eye
око́нница (*rare*) window frame
око́нный window *adj.*
око́шко, *pl.* **око́шки, око́шек,** *dim. of* **окно́,** *G pl.* **о́кон** window
окуна́ться/окуну́ться dip, plunge (*into*); *fig.* get engrossed in
оку́рок, -рка cigarette end
опада́ть/опа́сть, опаду́, -дёшь fall off (*of leaves*)
опа́сность *f.* danger
опе́ка care, guardianship
оплёванный spat-on; (*fig.*) humiliated
опле́чь *adv.* on one's shoulder
опозна́ть *pf. of* **опознава́ть** identify, pick out
опо́мниться *pf.* come to one's senses
опо́ра support
опра́виться, -влюсь, -вишься *pf. of* **оправля́ться** put right (*clothes etc.*)
опроки́нуть *pf. of* **опроки́дывать** overturn, topple over
о́пытный experienced
опя́т *G pl. of* **опёнок, -ка** honey agaric (*mushroom*)
ора́ть, ору́, орёшь *impf.* (*coll.*) yell
ору́дье implement; gun

оса́нка bearing, carriage
осатане́лый diabolical
освежи́ть *pf. of* **освежа́ть** freshen (*trans.*)
освеще́нье lighting, illumination
осво́иться *pf. of* **осва́иваться** feel at home with
оси́на aspen
осироте́лый orphaned
осно́ва basis
остально́е *nn.* the rest, remainder
оста́ток, -тка remainder, rest
остри́чь *pf. of* **острига́ть** *and* **стричь, стригу́, -жёшь, -гу́т; стриг** cut, clip
остро́та witticism
осуждённый condemned
осуществи́ться, -влю́сь, -ви́шься *pf. of* **-вля́ться** be brought about, realized
осыпа́ть/осы́пать, -плю, -плешь strew, shower
ось *f.*; **на оси́** on an axis
отби́ть, отобью́, отобьёшь, *pf. of* **отбива́ть** take by storm; repulse, beat off
отбро́шенный thrown away, kicked aside
отверну́ться *pf. of* **отвёртываться** turn aside
отвори́ть, -ю́, -и́шь *pf. of* **отворя́ть** open
отврати́тельный repulsive
отвяза́ться, -жу́сь, -жешься *pf. of* **отвя́зываться** leave alone, leave in peace; **отвяжи́сь!** *imper.* clear off!
отголо́сок, -ска echo (*also fig.*)

156

отдава́ться/обда́ться *for conj. see*
  издава́ть give oneself up to,
  give way to
отдали́ть *pf. of* отдаля́ть
  separate, distance from
отки́нуть *pf. of* отки́дывать
  throw away, cast away
отклика́ться/откли́кнуться
  answer, respond
отме́нный excellent
отмыка́ть/отомкну́ть open up
отны́не *adv.* from today
отня́ть, отниму́, отни́мешь *pf. of*
  отнима́ть take away, remove
оторопе́ть *pf.* (*coll.*) be struck
  dumb
отпуще́ние (грехо́в) absolution
  (of sins)
отра́вить, -влю́, -вишь *pf. of*
  отравля́ть poison
отра́вленный poisoned
отро́ческий adolescent *adj.*
отстава́ть, отстаю́, -ёшь/отста́ть,
  отста́ну, -ешь fall behind
отста́вка retirement
отстоя́ть, отстою́, отстои́шь *pf.*
  of отста́ивать stand up for
отступа́ться/-и́ться, -плю́сь,
  -пишься retreat
отто́чённый sharpened
отточи́ть *pf. of* отта́чивать
  sharpen
отцвета́ть/отцвести́, отцвету́,
  отцветёшь wither, fade
о́тчий paternal
отъя́вленный inveterate
оха́пка armful
о́хать/о́хнуть groan, gasp

охвати́ть, -чу́, -тишь *pf. of*
  охва́тывать envelop
охва́ченный wrapped-up,
  enveloped
оцепене́ние torpor, numbness
о́чи, *see* о́ко
очну́ться wake up
ошеломи́ть, -млю́, -ми́шь *pf. of*
  ошеломля́ть stun
ощу́пывать/ощу́пать feel, grope

па́даль *f.* carrion
пади́! (*obs. coll. coachman's cry*)
  clear the way! gee up!
пала́та ward (*in hospital*)
пала́ч executioner
пальну́ть *pf. of* пали́ть shoot, fire
пальти́шко *dim. of* пальто́ coat
панихи́дный funereal
па́перть *f.* church porch
пара́дное *nn.* front door
парово́зный locomotive *adj.*
партбиле́т Communist Party
  membership card
па́рус, *pl.* -а́ sail
парши́вый mangy
пасти́, пасу́, пасёшь *impf.*; пас,
  -ла́ graze
па́шня, *G pl.* па́шен ploughed
  field
пе́вчий *adj. and nn.* singing *adj.*;
  chorister
пе́кло intense heat; (*coll.*) hell
пе́пел, -пла ashes
пе́пельный ash, ash-grey
перворо́дство primogeniture;
  primacy

157

переводи́ть/перевести́ дух *for conj. see* заводи́ть catch one's breath

перегна́ть, -гоню́, -нишь *pf. of* перегоня́ть overtake, outdistance

перегру́зка overload, overwork *nn.*

переда́ча broadcast *nn.*; parcel (*to hand in*)

переде́лать *pf. of* переде́лывать rework, redo

перее́зд crossing; removal

перейзда́ние re-publication; reprint

перекли́чка roll-call

перекрёсток, -тка crossroads

перемотну́ться *pf.* (*coll.*) to scuttle, hop

перено́сица bridge of nose

перепо́лненный packed-out, full to overflowing

перепу́таться *pf. of* перепу́тываться get entangled; get confused

перераста́ть/перерасти́, -сту́, -стёшь; -рос, -ла́ в + *A* grow into, develop into

пересмотре́ть, -рю́, -ришь *pf. of* пересма́тривать look through again, review

переу́лочка side-street

переутомлённый overtired; overworked

пери́ла, *G* пери́л *no sing.* banisters, handrail

перипети́я peripeteia, reversal of fortune

перочи́нный но́жик penknife

перро́н platform (*on railway*)

пёс, пса dog

пе́сенный song *adj.*, melodious

пе́тля, *G pl.* пе́тель noose

печа́ль *f.* sorrow

пивна́я *nn.* pub, bar

пивно́й beer *adj.*

пиджа́чный jacket *adj.*

пии́т (*arch.*) bard, poet

пик peak; spire

пи́ка pike, lance

пилигри́м pilgrim

пир feast

писа́нье scripture; writing

писе́ц, -сца́ (*hist.*) scribe

пла́вить, -влю, -вишь *impf.* melt, smelt

плака́т banner, poster

пла́мень *m.*, *obs. for* пла́мя, пла́мени *n.* flame(s)

плат *obs. for* плато́к, -тка́ shawl, scarf

плащани́ца (*eccl.*) shroud

плева́ть, плюю́, -ёшь/плю́нуть; -ся spit (*out*)

плево́к, *pl.* плевки́ spittle

пле́мя, пле́мени *pl.* племена́, племён *n.* tribe

плен captivity

плеска́ть, плещу́, пле́щешь/ плесну́ть; -ся splash, lap

плести́сь, плету́сь, плетётся *impf.* trudge

пле́чико *dim. of* плечо́ shoulder

плечи́стый broad-shouldered

плита́ gravestone

плоть *f.* flesh

158

плю́йся *imper. of* плева́ться

пляс dance

пляса́ть, пляшу́, -шешь/по- dance

победи́ть *pf. of* побежда́ть conquer, vanquish

пове́шенный hanged

пово́зка carriage

поворо́т turn, bend

повсю́ду everywhere

по́гань *f.* (*pejor.*) filth, dregs

погиба́ть/поги́бнуть; поги́б die, perish

поги́бший *adj. and nn.* fallen, dead; dead man

пого́ст (*obs.*) churchyard (*in country*)

по́греб, *pl.* погреба́ cellar

погреба́льный funeral *adj.*

погреба́ть/погрести́, погребу́, погребёшь; погрёб, погребла́ bury

погребённый buried

под + *A* to the accompaniment of (*music etc.*)

подверну́ться *pf.* (*rare*) to turn to

поддержа́ть, -у́, -ишь *pf. of* подде́рживать support

по-дереве́нски country-style *adv.*

поджа́ть, подожму́, -ёшь *pf.* (*impf.* поджима́ть) хвост put one's tail between one's legs

поди́ (*coll.*) come here; just try; probably

подкра́сться, подкраду́сь, -ёшься *pf. of* подкра́дываться к + *D* steal up to

подле́ц, -а́ villain, scoundrel

подмасте́рье apprentice

подмо́стки, *G* подмо́сток *no sing.* stage (*in theatre*)

подо́л hem (*of skirt*)

подража́тель *m.* imitator

подро́сток, -тка adolescent *nn.*

подру́га (female) friend

подрыва́ть/подорва́ть, подорву́, подорвёшь undermine

подслу́шанный overheard

подта́явший partially thawed, melted

подыма́ть *coll. for* поднима́ть *impf.* raise

позаба́виться, -влюсь, -вишься *pf.* amuse oneself a little

по́здний late

позолото́й gilded

позо́рный shameful

позывны́е *nn. pl.* call sign

поимённо by name

пои́ть/на- give a drink to

пока́ что so far

покида́ть/поки́нуть abandon

поклони́ться, -ю́сь, -ишься *pf. of* кла́няться bow; greet

поколе́ние generation

поко́рный submissive; humble

покро́в cover; shroud

поку́да (*coll.*) while, as long as

полива́ть/поли́ть, полью́, польёшь water

полк regiment

полково́дец, -дца (*military*) commander

полово́дье high water (*in spring*), flood

половой sexual

поло́жим let us suppose

полосну́ть *pf.* slash, cut

получи́ться, полу́чится *pf. of*
получа́ться turn out, come
about

помина́льный час remembrance
hour (*as at a funeral*)

помоли́ться, -ю́сь, -́ишься *pf. of*
моли́ться pray

пона- *prefix denoting action
performed in stages, by
instalments*

поня́тный understood

поп (*coll.*) Russian Orthodox
priest

попла́вки, *G* попла́вок flotsam

попола́м in half, in equal measure

поправи́мость *f.* something that
can be rectified

пораже́нье defeat

по-ра́зному in various ways

поро́г threshold

порха́ть/порхну́ть flutter, flit
about

поры́в gust, fit

посвяще́ние dedication

поскользну́ться *pf.* slip over

послу́шный obedient

поспева́ть/поспе́ть have time to

постанови́ть, -влю́, -́вишь, *pf. of*
постановля́ть resolve, pass a
resolution

посто́й! stop!

посторони́ться, -ю́сь, -́ишься *pf.
of* сторони́ться stand aside

по́ступь *f.* tread

посты́лый hateful

по-суде́йски like a judge

пот sweat

потёмки, *G* потёмок *no sing.* the
dark

поте́ря loss; bereavement

пото́к torrent

пото́мок, -́мка descendant

пото́мство posterity

по́хороны, *G* похоро́н *no sing.*
funeral

почти́ть, -у́, -ёшь *pf. of* чтить
honour

пра́вить, -влю, -́вишь + *I impf.*
govern, rule

пра́внук great-grandson

прах dust

превозмога́ть/-мочь, -могу́,
-мо́жешь, -мо́гут; -мог,
-могла́ overcome, surmount

преда́нье legend, tradition

преда́тель *m.* traitor

преде́л border; boundary

предисло́вие foreword

предназна́ченный pre-ordained,
destined

предстоя́ть: предстои́т *impf.* be
in prospect

предупрежда́ть/предупреди́ть,
-жу́, -ди́шь warn

предчу́вствовать *impf.* have a
presentiment of, about

прекрати́ть, -щу́, -ти́шь *pf. of*
прекраща́ть cease

преле́стный charming, delightful

преодолева́ть/преодоле́ть
master

прескве́рный really foul, nasty

приба́вить, -влю, -́вишь *pf. of*
прибавля́ть add

прибли́зиться, -жу́сь, -́зишься *pf.
of* приближа́ться approach

приве́сок, -ска a make-weight, supplementary unnecessary addition

при́вкус after-taste

привле́чь, -ку́, -чёшь, -ку́т *pf. of* привлека́ть attract

пригляде́ться, -жу́сь, -ди́шь *pf. of* пригля́дываться look carefully, closely

пригово́р (*leg.*) sentence

приго́жий (*folk. poet.*) comely, beautiful

приго́рок, -рка hillock

приду́манный thought-up, invented

придуши́ть, -у́, -ишь *pf.* (*coll.*) strangle, smother

прижа́ть, прижму́, прижмёшь *pf. of* прижима́ть press, squeeze to

при́званный called up, enlisted

приземля́ться/, -и́ться land (*of aircraft etc.*)

прикаса́ться/прикосну́ться, к + D touch lightly

прикорну́ть *pf.* к + D (*coll.*) lean up against, prop oneself up

прикрыва́ться/прикры́ться, прикро́юсь, прикро́ешься take refuge, be shielded; close (*intrans.*)

приле́чь, приля́гу, -жешь, -гут; приле́г, -легла́ lie down for a while; adjoin

примёрзнуть; примёрз *pf. of* примерза́ть к + D freeze to

примя́тый pressed on

приника́ть; прини́к *pf. of*

приника́ть к + D press against, nestle against

приподня́ть, -ниму́, -ни́мешь; -я́л, -яла́, -я́ло *pf. of* приподнима́ть raise slightly

припо́рка poultice

прислони́ться *pf. of* прислоня́ться к + D lean against

прислу́шиваться/прислу́шаться к + D listen carefully for

присмире́ть *pf.* become quiet, calm

присни́ться *pf. of* сни́ться + D dream

притво́р narrow opening

притворя́ться/притвори́ться pretend

при́тча parable

прию́т shelter, haven

пробе́л gap; deficiency

проби́ть, пробью́, пробьёшь *pf. of* бить to strike (*of clock*)

проболта́ться *pf.* (*coll.*) loaf around, idle

прова́л downfall, collapse

провали́ться, -ю́сь, -ишься *pf. of* прова́ливаться fall, collapse; (*coll.*) vanish, get lost

про́вод, pl. -а́ wire, lead

прогляну́ть, -нет *pf. of* прогля́дывать show, peep through

прогреме́ть, -млю́, -ми́шь *pf.* thunder out

проду́мать *pf. of* проду́мывать think through, think out

проже́ктор searchlight

прожива́ть/прожи́ть, проживу́, -ёшь live through

прожига́ть/прожéчь, прожгу́, прожжёшь, прожгу́т; прожёг, прожгла́ burn through

прозра́чный transparent; limpid

проклина́ть/прокля́сть, прокляну́, ёшь curse, swear

пролета́рий proletarian *nn.*

пролета́ть/пролетéть, пролечу́, -ти́шь fly through

проли́тый split, shed

промока́шка (*coll.*) blotter, blotting paper

промыва́ть/промы́ть, промо́ю, промо́ешь wash (*thoroughly*)

про́пасть *f.* precipice

прорва́ть, -у́, -ёшь *pf. of* прорыва́ть tear through

прорыва́ться/прорва́ться, -у́сь, -ёшься break through (*intrans.*)

просвéчивать/просвет́ить, -щу́, -ти́шь enlighten; be visible, appear

проскака́ть, -чу́, -чешь *pf.* gallop by

проспа́ть, -лю́, -и́шь *pf. of* просыпа́ть oversleep; sleep for some time

просто́р space, expanse

простра́нство space, expanse

прострéленный shot through

просты́ть, -ы́ну *pf. of* простыва́ть get cold; (*coll.*) catch cold

просфора́ (*eccl.*) communion bread, host

про́сьба request

прото́пать *pf.* step through, stride through

прото́птанный well-trodden

протыка́ть/проткну́ть pierce, skewer

протяну́ть, -у́, -ешь *pf. of* протя́гивать stretch out, extend

прохво́ст (*coll.*) scoundrel

прохла́да coolness

прохо́жий *adj. and nn.* passing; passer-by

прохрипéть, -плю́, -пи́шь *pf.* wheeze out, gasp out

проща́льный farewell *adj.*

пру́тик twig

прыща́вый pimply

пря́лка spinning-wheel

пря́ник на меду́ honey cake

псало́м psalm

псалты́рь *f.* (*eccl.*) psalter, the Book of Psalms

пугли́вый timid, fearful

пу́дра powder

пу́ля bullet

пунцо́вый crimson

пурга́ snowstorm, blizzard

пустéть/о- become empty, deserted

пустота́ emptiness; void

пусты́рь *m.* waste land

пу́таница muddle, mess, confusion; tangle

пухо́вый downy

пу́шка gun, cannon

пыла́ть *impf.* blaze, flame

пыли́ть/на- raise dust

пы́льный dusty

пы́хать, пы́шу, пы́шешь *impf.* blaze; **п. здоро́вьем** be a picture of health

пы́шный splendid, luxuriant

пы́шут *see* **пы́хать**

пята́к (*coll.*) five-copeck piece

раб slave

рабы́ня slave-girl

равни́на plain *nn.*

равноду́шный indifferent

радиоприёмник radio set, receiver

ра́дуга rainbow

разбежа́ться, -гу́сь, -жи́шься, -гу́тся *pf. of* **разбега́ться** scatter, run off in all directions

разбира́ть/разобра́ть, разберу́, разберёшь sort out; investigate, look into; make head or tail of

разбо́йник robber

разбра́сывать/разброса́ть throw about, scatter

разверну́ть *pf. of* **развёртывать** deploy; **р. пара́дом** parade (*troops*)

разводи́ть мисте́рии; *for conj. see* **заводи́ть** (*coll.*) make a song and dance

разговори́ться *pf.* get into conversation; warm to a subject

разгуля́ться *pf. of* **разгу́ливаться** clear up (*of weather*)

раздува́ть/разду́ть, -у́ю, -у́ешь blow about; fan

разла́яться *pf. and impf.* bark a great deal

разлета́ться/разлете́ться, -чу́сь, -ти́шься fly off in all directions, be shattered (*of dreams*)

разле́чься *for conj. see* **приле́чь** *pf.* (*coll.*) sprawl

разли́в flood; overflow

разли́тый poured out, spilt

разлу́ка parting, separation

разнообра́зье variety, diversity

разноси́ться/разнести́сь *for conj. see* **доноси́ть** be spread (*of rumours, etc.*); be scattered in all directions

разозли́ться *pf. of* **зли́ться** lose one's temper

разо́к *dim. of* **раз** once

разо́рванный torn to pieces

разу́тый unshod, without shoes

разъярённый enraged

разыгра́ться *pf. of* **разы́грываться** break (*of storm*); be carried away in play

ра́ма frame

ра́мка *dim. of* **ра́ма**

ра́на wound, injury

рань *f.* (*coll.*) early morning

ра́са race, breed

раска́т peal (*of thunder, bells etc.*)

раска́чивать/раскача́ть rock, swing

раски́нуть *pf. of* **раски́дывать** stretch out, spread out

раско́сый slanting (*of eyes*)

распла́виться *pf. of* **расплавля́ться** be fused, melted

распого́дь *f.* (*dial.*) clear, fine weather

распоря́док, -дка order, sequence

распра́ва punishment, execution; violence, reprisal

расправля́ться/распра́виться, -влюсь, -вишься deal with, make short work of

распя́тие crucifixion

распя́тый crucified

рассве́т dawn

рассе́сться, расся́дусь, расся́дешься; рассе́лся *pf. of* **расса́живаться** take one's seat; sprawl

рассо́пленный sneezed out

расстава́нье parting

расстре́лянный shot dead; executed by firing squad

расступи́ться, -пится *pf. of* **расступа́ться** part, make way

рассуди́ть, -жу́, -дишь *pf.* judge, consider

рассыпа́ть/рассы́пать -плю, -плешь strew, scatter

растека́ться/расте́чься, растечётся, растеку́тся; растёкся, растекла́сь spill, run, spread

растяну́ться *pf.* (*coll.*) go headlong, fall

расфасо́вка packing, parcelling

расчи́стить, -щу, -стишь *pf. of* **расчища́ть** clear (*trans.*)

расшеве́ливать/расшевели́ть stir, rouse

расшиба́ться/расшиби́ться, -у́сь, -ёшься; расши́бся hurt oneself, knock oneself

расши́риться *pf. of* **расширя́ться** grow broader, get wider

рва́ный torn

рва́ться, рвётся *impf.* explode

рвач (*coll.*) self-seeker

рёв roar, bellow

реве́ть, реву́, -ёшь *impf.* bellow, howl

революцио́нный revolutionary *adj.*

реде́ть/по- thin out

ре́же *comp. of* **ре́дкий** rare, sparse

резо́н reason, basis

реме́нь, -мня́ *m.* strap

ремесло́; *pl.* ремёсла, ремёсел craft, profession

ресни́ца eyelash

рети́вый zealous, ardent

речи́стый garrulous, good at talking

решётка railings

ржа́нье neighing

ри́фма rhyme

ро́бость *f.* shyness

роди́мый own, native; dear

ро́динка birthmark

роди́ть, рожу́, роди́шь give birth to

роднико́вый of a spring, stream

ро́жа (*coll.*) mug, face

рожда́ться/роди́ться be born

ро́за rose

ро́зовый pink

рой swarm

ро́пот murmur, grumble

ро́спись *f.* painting(s), mural(s)

ро́ссыпь *f.* sprinkling, deposit

ро́ща grove
руба́ха shirt
руга́ть/вы- swear at, castigate
руже́йный gun *adj.*
ружьецо́ *dim. of* ружьё gun
ру́копись *f.* manuscript
румя́нец, -нца high colour, flush
(*in cheeks*)
ручеёк, ручейка́ *dim. of* ручей,
ручья́, *pl.* ручьи́ stream,
brook
ру́шиться *pf. and impf.* collapse,
fall down
рыда́ть *impf.* sob
рык roar
ры́ться, ро́юсь, ро́ешься *impf.* в
+ *P* rummage around in, dig
around in
рядово́й *nn.* common soldier,
private

садово́дство garden; gardening
самозва́нство imposture
самоотда́ча self-sacrifice, self-
denial
самоуби́йство suicide
сати́р satyr
сбега́ть/сбежа́ть, -гу́, -жи́шь,
-гу́т run down, from
сбира́ться *usu.* собира́ться/
собра́ться, соберу́сь,
соберёшься gather together,
assemble
свежевы́мытый freshly
laundered, washed
све́жесть *f.* freshness
свеча́ candle
све́чка *dim. of* свеча́
свинцо́во-тяжёлый heavy as lead

свире́пый ferocious
свист whistling noise
свиста́ть, свищу́, сви́щешь *impf.*
whistle
своди́ть с ума́; *for conj. see*
заводи́ть drive mad, crazy
сво́йственный + *D* peculiar to,
characteristic of
свято́й *adj. and nn.* holy, sacred;
saint
сгоряча́ *adv.* in the heat of the
moment
сдава́ться/сда́ться *for conj. see*
издава́ться give up,
surrender
сдви́нуться *pf. of* сдвига́ться
move, budge; come together
сего́дняшний of today
седе́ть/по- turn grey
се́мя, се́мени *pl.* семена́, семя́н
n. seed; лущи́ть/по-
се́мячки to crack (sunflower)
seeds
серебро́ silver *nn.*
сере́бряный silver *adj.*
се́ять/по-, се́ю, се́ешь sow
сжима́ть/сжать, сожму́, -ёшь
squeeze
сза́ди *adv. and prep.* + *G* (from)
behind
сза́ду *usu.* сза́ди
сзыва́ть/созва́ть, созову́, -ёшь
call together
синева́ blue colour
сине́ть/по- be blue, turn blue
сире́нь *f.* lilac
ска́зочка *dim. of* ска́зка fairy-
tale
ска́лить/о- зу́бы bare one's teeth

скамья́, *pl.* **скамьи́, скаме́й** bench, seat

скати́ться, скачу́сь, скати́шься *pf. of* **ска́тываться** roll down

скве́рный nasty, foul

скеле́т skeleton

скользи́ть, скольжу́, скользи́шь *impf.* slip, slide

ско́льзкий slippery

скользну́ть *pf.* slip

сконфу́женный confused, disconcerted

скопи́ровать *pf. of* **копи́ровать** copy

скопле́нье accumulation, saving up

скорбе́ть, -блю́, -би́шь *impf.* lament, grieve

ско́тница herdswomen

скре́жет grinding, gnashing (*of teeth*); rattling

скреще́нье crossing

скрипе́ть, -плю́, -пи́шь *impf.* squeak, creak

скрипу́чий squeaking *adj.*

скрю́чить *pf. of* **крю́чить** (*coll.*) make writhe (*impers.*)

ску́ка boredom

скупо́й mean, miserly

сла́бость *f.* weakness

слать, шлю, шлёшь *impf.* send

слегка́ slightly, lightly

след trace; footsteps

слеса́рь *m.* metal-worker

слета́ть/слете́ть, слечу́, слети́шь fly down; **-ся** fly together

слизь *f.* slime

сли́тый cast, forged

слобожа́нин, *pl.* **слобожа́не** inhabitant of sloboda, artisan

сло́вно as if

слой layer

служи́ть, -у́, -́ишь/по- serve

слух rumour; hearing

слыха́ть *impf. no pres.* hear

слюня́вить, -́влю, -́вишь *impf.* (*coll.*) to slobber

смежи́ть *pf. of* **смежа́ть** (*obs. poet.*) shut (*esp. eyes*)

сме́на shift (*at work*)

смерте́льный fatal, mortal

сме́ртный mortal, death *adj.*

смета́ть/смести́, смету́, -ёшь; смёл, смела́ sweep away, off

сметь/по- dare

смешо́к, -шка́ (*coll.*) giggle

смиря́ть/смири́ть subdue

смо́лкнуть; смолк *pf. of* **смолка́ть** fall silent

смуща́ть/смути́ть, -щу́, -ти́шь embarrass, trouble

снаря́д shell, projectile

сне́жный snow *adj.*

снежо́к *dim. of* **снег** snow

снова́ть, сную́, снуёшь *impf.* scurry, dash

собла́зн temptation

соболе́зновать + *D impf.* sympathize with

собо́р cathedral

со́бственность *f.* property

соверша́ться/-и́ться be achieved, occur

со́весть *f.* conscience

согла́сье consent

согражданӥн, *pl.* **согражда́не** fellow citizen

согреши́ть *pf. of* согреша́ть sin

содержа́ние contents

созве́здие constellation

со́кол falcon

сокрове́нный innermost, secret

солда́тский soldier's

солёный salty

со́нный sleepy

сообща́ть/-и́ть announce, communicate

сообщница (female) accomplice

сор rubbish

соро́чка shirt

соса́ть, сосу́, -ёшь *impf.* suck

сослужи́ть *pf.* serve, stand in good stead

сосно́вый pine *adj.*

соста́ренный aged, made old

сосу́лька icicle

сотворе́нье creation

со́тня a hundred *nn.*

со́хнуть; сох *impf.* get dry; wither; pine

сохраня́ть/-и́ть preserve

сочтёмся *see* счита́ться

спито́й watered down, feeble

спи́ца spoke *nn.*; knitting needle

сплётня, *G pl.* сплётен gossip

сплошно́й unbroken, continuous; sheer, utter; solid; total, complete

споко́йствие quiet, tranquillity

справля́ть/спра́вить, -влю, -вишь *coll.*) celebrate; -ся deal with, cope with

спросо́нок *adv.* half-asleep

срабо́танный built, made

сража́ться/срази́ться, -жу́сь, -зи́шься fight, do battle

сре́дство means

срок period of time

срыва́ть/сорва́ть, сорву́, сорвёшь tear off

ста́вня, *G pl.* ста́вен shutter (*on window*)

ста́до herd

ста́йка *dim. of* ста́я flock (*usu. of birds*)

стально́й steel *adj.*

стан camp

ста́я flock

степе́нность *f.* staidness

степно́й steppe *adj.*

стёршийся worn away

стиха́ть/сти́хнуть; стих abate, fall calm

сто́йка stand, counter, buffet

столбу́шка *dim. of* столб column

стомильо́нный numbering 100 million

стон groan

сто́рож watchman

страда́ние suffering

страда́ть/по- suffer

стрела́ arrow

стре́лка hand (*on clock face*)

стри́женый with close-cropped hair

стричь, стригу́, -жёшь, -гу́т/о-; стриг clip, crop

стро́иться/по- form up (*in rows*)

строй line, row; order, system

строка́ line (*of writing, verse etc.*)

стропти́вый obstinate

стро́чечный of lines, verses

строчи́ть *impf.* (*coll.*) dash off, scribble

струи́ть *impf.* pour, shed

струи́ться, **струи́тся** *impf.*
  stream, spurt
сту́жа severe cold
стук knock, tap
ступе́нька step, stair
ступня́, *G pl.* **-éй** foot; sole of foot
стынь *f.*; **в жите́йскую с.** (*dial.*)
  when times are hard
сугро́б snowdrift
су́дорожный convulsive
судья́, *pl.* **су́дьи**, **суде́й** *m.* judge
сужа́ться *usu.* **су́живаться/**
  су́зиться tighten, close in
сук bough
су́кин сын (*vulg.*) son of a bitch
сукно́ cloth
су́мерки, *G* **су́мерек** *no sing.*
  twilight
су́мрак dusk, twilight
су́мрачный gloomy, murky
суро́вый severe, harsh
суту́литься/с- stoop
существо́ essence; being, creature
су́щность *f.* essence
схва́тки, *G* **схва́ток** *no sing.*
  spasms
схо́дка (*obs.*) gathering
счита́ться/сче́сться, **сочту́сь**,
  сочтёшься come to terms
  with
съе́хаться, **съе́дусь**, **съе́дешься**
  pf. of **съезжа́ться** come
  together, assemble
сы́пать, **сы́плю**, **сы́плешь** *impf.*
  strew, pour
сыпу́чий friable, free-flowing
сы́рость *f.* dampness

та́бор camp, encampment
табу́н herd (of horses)
таи́нственный mysterious
таи́ть *impf.* hide, conceal
та́йна mystery; secret
тайни́к hiding place
та́йный secret
так; **не так** not right
та́мбур platform at end of railway
  carriage
Та́ня Tanya
тварь *f.* creature(s); all creation
тверди́ть, **-жу́**, **-ди́шь** *impf.* keep
  affirming, repeating
тво́рчество creative work
темнота́ darkness
темь *f.* (*coll.*) darkness
те́мя, **те́мени** *no pl.*; *n.* crown,
  top of head
те́мячко *dim. of* **те́мя**
терпели́вый patient
те́сный cramped
тира́ж print-run, edition
ти́скаться/ти́снуться be pressed,
  squeezed
тиски́, *G* **тиско́в** *no sing.* (*tech.*)
  vice
тиф typhus
тифо́зный typhus *adj.*
ткать, **тку**, **ткёшь/со-**; **ткал**, **-а́**,
  -о weave
тлен (*obs.*) decay
тле́нный (*obs.*) liable to decay
то и де́ло now and then
толстоза́дый (*vulg.*) fat-
  bottomed, with a fat rear
толстомо́рденький (*vulg.*) with a
  fat face, mug
то́мик *dim. of* **том** volume

томи́тельный tiresome, tedious

томи́ться, томлю́сь, томи́шься *impf.* get weary; languish

то́мный languid

тону́ть, -у́, -ешь/у- drown; sink (into)

То́ня Tonya

то́поль, *pl.* **-и** *and* **-я́** *m.* poplar tree

то́пот tread of feet, clatter of hooves

торжество́ celebration; triumph

то́рмоз, *pl.* **-а́** brake

торопли́вый hasty, hurried

тоска́ melancholy; depression; boredom; longing, yearning

тоскова́ть о + *P and* **по** + *D impf.* miss, long for

тошнота́ nausea

тракти́рный tavern, inn *adj.*

трево́га alarm

трезво́ниться *impf.* be noised abroad; ring out

тре́звость *f.* sobriety

тре́фы, *G* **треф** clubs (*in cards*)

трёхпа́лый with three fingers

трёхсо́тый three-hundredth

три́ста three hundred

тропа́ path

тростни́к reed, rush

трость *f.* walking-stick

труба́ trumpet

труднова́тый (a little) difficult

труп corpse

тру́сить, -шу, -сишь/с- be a coward

трясти́сь, трясу́сь, трясёшься; тря́сся, трясла́сь *impf.* shake, be shaken

тряхну́ть + *I impf.* shake

тупо́й blunt; dim-witted

туши́ть, -у́, -ишь/по- extinguish

ты́кать, ты́чу, ты́чешь/ткнуть poke, prod

тысячеле́тье a thousand years

тьма darkness

тюре́мный prison *adj.*

тяготе́нье gravity, gravitation

тя́жкий hard, difficult

убива́ться/уби́ться, убью́сь, убьёшся be killed; (*impf. only*) grieve

уби́йца *m. and f.* killer, assassin

убыва́ть/убы́ть, убу́ду go away

уважа́емый esteemed; dear (*sir, madam etc. in letter*)

уваже́ние respect

увели́чивать/увели́чить increase

уве́чить *impf.* maim, cripple

уво́лить *pf. of* **увольня́ть** release, free

увяда́нье fading, withering

увя́нуть; увя́л *pf. of* **увяда́ть** fade, wither

уга́р (*fig.*) ecstasy, intoxication

угрю́мый gloomy

у́даль *f.* daring, boldness

удво́ить *pf. of* **удва́ивать** double

ужели́ *adv. usu.* **неужели** really

ужива́ться/ужи́ться, уживу́сь, с + *I* get on well with

ужо́! (*as a threat*) just you wait!

уздцы́; под у. by the bridle

указа́ние instruction, order

укла́д structure; tenor

укра́сить, -шу, -сишь *pf. of* **украша́ть** adorn

улы́бчивый smiling, happy

ум mind; **в своём уме́** in one's right mind

умеща́ть/умести́ть, -щу́, -сти́шь accommodate, find room for; **-ся** be accommodated, fit in

умолка́ть/умо́лкнуть; умо́лк fall silent

упасти́, -су́, -сёшь; упа́с, упасла́ *pf.* (*coll.*) save, preserve

уплыва́ть/уплы́ть, уплыву́, -ёшь float, sail, swim away

упо́р; **в у.** point-blank

управдо́м *abbr. for* **управля́ющий до́мом** manager of block of flats

упра́шивать/упроси́ть, -шу́, -сишь beg, entreat

упру́гий elastic, resilient

упря́мый stubborn

упря́тать *pf. of* упря́тывать hide, put away

урага́н hurricane, storm

уро́д monster

усме́шка grin

усмиря́ть/-и́ть subdue

усо́пший (*obs.*) deceased *adj. and nn.*

успоко́енный tranquil, calmed

успоко́иться *pf. of* **успока́иваться** calm down (*intrans.*)

уста́, G уст *no sing.* (*arch.*) mouth

уступи́ть, -плю́, -пишь *pf. of* **уступа́ть** concede (*trans.*)

уте́чь, -ку́, -чёшь, -ку́т; утёк, утекла́ *pf. of* утека́ть flow away; (*coll.*) run away, flee

утеше́ние comfort, consolation

утоми́тельный wearisome, tedious

утора́пливать *impf.* (*coll.*) quicken, hasten (*trans.*)

утра́та loss

утра́ченнный lost

утро́ить *pf. of* утра́ивать triple

утяну́ть, -у́, -ешь *pf. of* утя́гивать drag away, pull out

у́хать/у́хнуть gasp, cry out

ухвати́стый (*coll.*) strong, adroit

у́хо; **на у.** in one's ear

уцеле́ть *pf.* survive

уча́стник participant

уча́щийся *nn.* student

учини́ть *pf. of* учиня́ть carry out, perpetrate, commit

ую́т comfort, cosiness

фа́кел torch, flare

фа́лда tail (*of coat*)

физионо́мия (*joc.*) face, features

фикс (*coll.*) false gold tooth-capping

финт feint

фона́рь *m. dim.* фона́рик lantern

фрак tail-coat, tails

хала́т (*doctor's*) white coat

хам lout

ха́ркать/-нуть (*coll.*) spit

хи́жина hut

хи́трый cunning

хи́щный predatory

хлам rubbish

хлев cattle shed

хлёсткий biting, sharp

хло́панье banging, slamming

хло́пать/-нуть bang
хло́пья, *G* **хло́пьев** *no sing.* flakes
хлы́нуть *pf.* gush, surge
хмельно́й drunk
хмырь *m.* (*sl.*) moaner, cry-baby
ход; на -ý on the move
ходо́к pedestrian *nn.*
холе́ра cholera (*also expletive or ironic term of endearment*)
холодо́к, -дка́ cold *nn.*; cool breeze
холо́п slave
холо́пство slavery, servitude
хорони́ть, -ю́, ´-ишь/по- bury
хорони́ться, -ю́сь, ´-ишься/с- (*coll.*) to hide oneself
хребе́т, -бта́ spine; mountain range; crest, peak
хрипе́ть, -лю́, -и́шь *impf.* wheeze
хромо́й lame
хру́стнуть *pf. of* **хрусте́ть, хрущу́, -сти́шь** crunch, crack
ху́денький feeble, puny
худо́й bad; thin, lean
худосо́чье wasting (*as a result of illness*)

цара́пина scratch
царь *m.* tsar, king
цвести́, цвету́; цвёл, -ла́ bloom; *impf.* **ц. здоро́вьем** to be radiant with health
цвет *pl.* **-ы́** flower
цвет *pl.* **-á** colour
целико́м *adv.* whole, completely
цепь *f.* (*mil.*) line, file (*of soldiers*)
церко́вный of church

цили́ндр top hat
цы́пка red spot (*on hands, feet etc.*)

чад fumes
ча́хнуть/за-; чах become weak, exhausted
чахо́тка consumption; **чахо́ткины плевки́** consumptive spittle
ча́ша cup, bowl
чёлка fringe, forelock
чело́ brow, forehead
челове́чий human *adj.*
червя́к worm
черёмуховый bird-cherry tree *adj.*
чернобро́вушка black-browed woman
чертополо́х thistle
чеса́ть, чешу́, ´-шешь/по- scratch
честь *f.* honour
чрез *usu.* **че́рез** + *A* through
чте́ние reading *nn.*
чу́диться/при- seem; **ему́ чу́дится** it seems to him
чу́дный wonderful, beautiful
чу́ждый alien

шага́ть/шагну́ть walk, stride
шар sphere; **земно́й ш.** the Earth
ша́рик sphere, bubble
ша́рить *impf.* **в** + *P or* **по** + *D* to fumble, grope
шата́ться *impf.* rock, sway (*intrans.*)

ше́лест rustle, rustling
шелуди́вый mangy
шелуха́ skin, peel
шепну́ть *see* **шепта́ть**
шёпот whisper, whispering
шепта́ть, -чу́, -чешь/шепну́ть
whisper
шерсть *f.* coat (*of animal*)
шерша́вый rough
ше́ствие procession
шесто́й sixth
ши́на tyre
шине́лишка *dim. of* **шине́ль** *f.*
greatcoat
шля́ться, -юсь *impf.* (*coll.*)
wander; loaf about
шов, шва seam
шрам scar
што́ра *dim.* **што́рка** blind *nn.*
шторм gale
штрафна́я площа́дка penalty
area
штурм (*mil.*) storm, assault
штык bayonet
шуми́ха (*coll.*) sensation, stir

щекота́ть, щекочу́, -ешь/по-
tickle
щель *f.* crack, chink
щеми́ть *impf.* grieve, oppress
(*also impers.*)
щепи́ть *usu.* **щепа́ть** *impf.* split,
chop, rent
щит shield, protection
щу́пальце, *G pl* **щу́палец**
tentacle
щу́пать/по- feel, touch

электри́чка (*coll.*) suburban
electric train
эпо́ха epoch
э́хо echo

я́блоня apple tree
ядро́, *G pl.* **я́дер** cannonball, shell
языкотво́рец, -рца wordsmith,
creator of language
я́ма pit, hole
я́рый vehement; raging
ястреби́ный *from* **я́стреб** of
hawk, falcon *adj.*

172